ESSAI

SUR LES MOYENS A EMPLOYER

POUR ABOLIR L'ESCLAVAGE

DANS LES COLONIES FRANÇAISES.

ESSAI

Sur les moyens à employer

POUR ABOLIR L'ESCLAVAGE

Dans les Colonies françaises,

PAR LE Cte. DE MONTUREUX,

MEMBRE DE PLUSIEURS SOCIÉTÉS SAVANTES.

« *Commencez par former les hommes à nos idées, donnez-leur le sentiment du droit et du devoir.* »
(M. MAUGUIN, séance du 28 Juin 1843.)

« *Au guelphe, je suis gibelin : au gibelin, je suis guelphe.* » (Michel MONTAIGNE.)

1844

VIC,

IMPRIMERIE DE VEUVE GABRIEL.

PRÉFACE.

Cet Opuscule n'est pas un Traité complet, ni un Système dont toutes les parties soient indissolublement liées entr'elles; c'est l'exposition de quelques idées sur les remèdes à apporter à une grande plaie du corps social : je soumets ces vues au jugement du public et de ceux à qui il appartient d'examiner ce que l'on peut faire dans les Antilles françaises pour y améliorer le sort de la race noire, sans y consommer la ruine de la race européenne, et l'anéantissement de la civilisation.

ESSAI

SUR LES MOYENS A EMPLOYER

POUR ABOLIR L'ESCLAVAGE

DANS LES COLONIES FRANÇAISES.

CHAPITRE Ier.

La nécessité de l'émancipation des esclaves ne peut plus être une question, même pour ceux qui ne croient pas l'esclavage contraire à la loi naturelle et n'y voient pas une cause d'aggravation dans la masse des souffrances auxquelles l'espèce humaine est exposée; l'abolition de la servitude coloniale, si ce n'est pas un devoir pour les gouvernements, est pour eux une nécessité, un acte de prudence, car *l'Angleterre le veut*, et sa volonté est dans toutes les contrées civilisées, appuyée par d'ardentes et actives sympathies, dirigées par des sociétés nombreuses : ce serait une lutte insensée et qui pour ses défenseurs finirait par une terrible catastrophe, que celle qui aurait pour but le maintien d'une institution réprouvée par des convictions presque générales, et en opposition avec l'intérêt (1) de la nation éminemment habile qui sait faire tourner à son avantage les sentiments généreux comme les passions basses et corrompues, et exploite l'amour de l'humanité, comme celui de l'opium.

Mais si tout le monde est d'accord sur la nécessité d'extirper l'esclavage des contrées où domine la race européenne, les opinions sont bien divergeantes sur la marche à suivre pour arriver à ce but, et il est à craindre que les moyens que l'on adoptera exposent à de violentes commotions non-seulement les colonies mais encore les métropoles, en ébranlant même les principes base du système social en Europe.

Car que l'on propose en France d'imiter le mode d'émancipation suivi en Angleterre, d'indemniser aux dépends du trésor public les propriétaires d'esclaves affranchis, il me paraît impossible qu'un tel projet obtienne le vote parlementaire, vote pour lequel, sous peine de non réélection le député doit se conformer aux volontés électorales, même quand ces volontés lui paraissent opposées aux intérêts du pays. En Angleterre il en est autrement, le membre du parlement a acheté ses électeurs pour des guinées et pour de la bière ; il les rachètera de même aux élections futures, et il sait que quand il les aura payés, bien peu s'aviseront de s'informer de ses actes politiques : d'ailleurs cet électeur anglais est placé trop bas pour voir ce qui se passe hors de sa taverne et pour que son opinion ait grande influence sur la conduite de l'homme parlementaire, qui souvent voit bien les choses, parce qu'il les voit de haut. En France l'électeur croit regarder ce qui se fait sur la scène politique, mais il regarde le plus souvent de très-bas, et à travers les lunettes des préjugés les plus étroits, toujours frappé des sacrifices pécuniaires, il ne distingue les compensations que l'on peut tirer d'une dépense que quand ces résultats sont

des gaspillages dont il espère avoir sa part... Son député
ne l'a payé qu'en compliments, en actes d'obligeances,
consistant à lui procurer sa petite part dans les satisfactions
résultant de l'exploitation des abus, ce député est donc
obligé de renoncer à ce que ses propres lumières lui con-
seilleraient quand cela s'élève au-dessus des idées du troupeau, dont les beuglements sont ce que l'on appele *l'ex-
pression de l'opinion publique* (2) ; ainsi une émancipation
avec indemnité, serait rejettée comme a été étranglée en
1843 la loi des sucres, comme l'ont été beaucoup d'autres
par des législateurs qui croyaient ces lois bonnes, mais qui
redoutaient les décisions de l'urne électorale.

Or, les débats de tribune et de presse, occasionnés par
la présentation d'une loi d'affranchissement, auront entre
les tropiques un terrible retentissement, ces esclaves auxquels on aura annoncé la liberté qu'ils désirent parce
qu'ils la confondent avec l'oisiveté, les don Quichottes abolitionistes surtout, comment prendraient-ils le retrait d'une
loi où la chambre aurait inséré un amendement rejettant
l'article du projet gouvernemental, accordant une indemnité aux maîtres dépossédés... L'opinion des cafés et des ca-
binets de lecture, les bêlements sentimentaux de la portion
lettrée du troupeau appelé le public, la crainte fondée du
renouvellement des scènes de S^t.-Domingue dans les colonies qui nous restent, tous ces motifs obligeront le pouvoir
à sanctionner le spoliation voulue par des chambres où la
betterave est puissamment représentée et où l'on ne voit
les Antilles qu'à travers des nuages de préjugés haineux (3).

Périssent les colonies plutôt qu'une de mes phrases, dit
tout bas telle sommité intellectuelle, périssent les colonies,
la marine, la France, l'univers s'il le faut, plutôt que ce
que je compromette ma réélection, pense intérieurement

tel personnage parlementaire... Ils ne savent pas ces contribuables de 500 fr. au moins, que la condamnation de la propriété coloniale prononcée par eux est un premier pas, mais un pas immense (4), sur cette route au bout de laquelle est l'abîme qui doit les engloutir et vers lequel les pousse la secte qui dans ses utopies fait entrer *l'abolition de la propriété*. Cette secte est habile et encouragée, des sociétés savantes couronnent des ouvrages où cette doctrine est présentée, à la vérité avec beaucoup de ménagement et dans une sorte de jargon d'alchimiste, ces *progressifs* verront avec joie et espoir la législation entrer dans la voie des spoliations, voie où l'on ne s'arrête pas quand et où l'on veut, et ils sauront bien dire aux prolétaires, que si dans des vues philantropiques on a dépouillé de ce qu'ils regardaient comme des droits, les propriétaires des Antilles, il faut traiter de même les non moins odieux propriétaires de la métropole, se partager leurs fermes, leurs forêts, leurs vignes, leurs maisons, pour n'avoir plus à payer ni loyers, ni marchands de bois, ni boulangers, ni cabaretiers, tout cela se débite tout haut dans les *méctings* de l'Angleterre, et à demie voix en France dans les conversations de la jeunesse lettrée,

Ainsi donc, pour ôter au *communisme* l'argument que déjà en affranchissant les nègres, sans indemniser leurs maîtres, la loi s'est élevée au-dessus du principe qu'ils attaquent, je crois qu'il faut chercher à amener les possesseurs d'esclaves eux-mêmes à accorder le plus grand nombre possible d'affranchissements, dont ils seraient dédommagés pécuniairement, sans que l'indemnité sortît des caisses de la métropole, c'est je crois le résultat que l'on obtiendrait avec le temps par quelques moyens que j'exposerai dans cet opuscule.

Si absolument l'on veut une émancipation générale et immédiate, je suppose que tout se passe comme dans les îles anglaises, sans commotions, sans incendies, que la métropole consente à payer la rançon des esclaves, que ceux-ci attendent sans se soulever les résultats d'une enquête et d'une discussion parlementaire; ce qui à la fin sera encore plus embarassant que l'affranchissement, ce sera de savoir ce que l'on fera de cette population devenue libre. Un nègre de race pure ne travaille guère que quand il y est forcé, depuis l'émancipation on ne peut dans les îles anglaises les ramener au travail, à aucun prix, excepté à Autigues, parce que dans cette île toute terre étant cultivable et ayant un propriétaire, il faut bien vivre d'un salaire, ou mourir de faim, mais dans les autres colonies ils s'emparent, et ce sont les plus laborieux, d'un coin de terre abandonné, et y cultivent fort mal quelques bananes, quelques racines, dont ils tirent une maigre subsistance, le plus grand nombre végète misérablement en pêchant, en chassant, en ramassant des coquillages ou des fruits sauvages, ou en volant : dans ces îles autrefois florissantes, la sécurité publique est troublée par les brigandages des libérés, les géoles sont remplies de ceux d'entre eux que le besoin conduit au crime, il est même un fait constaté par des chiffres, dans les possessions françaises, et qui prouve que les misères auxquelles est exposé l'affranchi, surpassent quelquefois celles de l'esclave, c'est que la mortalité est plus forte parmi les enfants des nègres libres que parmi ceux qui appartiennent encore à des maîtres, et cependant cette remarque a été faite depuis longtemps, à une époque où les affranchissements encore rares, n'étaient guères accordés qu'aux sujets de la meilleure conduite, les plus prévoyants, les plus intelligents, c'est que cette race qui, en Afrique, vend sa postérité et souvent la tue, ne veut pas, pour l'élever, s'imposer des soins, des privations, et surtout le travail ; mais au défaut de la voix de l'humanité, les maîtres entendaient celles de l'avarice, qui défendait la parcimonie, et commandait les soins nécessaires pour faire vivre ces enfants.

Affranchis sans y être moralement préparés, les noirs des Antilles ne retourneront pas à l'état sauvage, ils deviendront quelque chose de semblable aux lazzaronis de Naples, mais plus imprévoyant encore, la misère les ramènera à la férocité africaine, livrés à eux-mêmes par la retraite ou l'extermination de la race blanche, ils se déchireront entre eux dans des guerres de peuplade à peuplade, ou bien dirigés par la lie de la classe maritime des deux mondes, ils se livreront à la piraterie, et seront pour l'océan Atlantique ce que les barbaresques furent pour la Méditerranée, et les forbans malais pour les mers de l'Inde.

Il faudrait donc faire marcher l'émancipation de front avec l'amélioration morale et intellectuelle, en adoptant des institutions telles que l'esclave comprît que des habitudes de travail, de probité, de bonne conduite, sont pour lui un moyen d'arriver : 1° à rendre son esclavage le moins lourd possible ; 2° à obtenir sa liberté ; 3° à se créer une aisance fondée sur le travail et l'économie.

Mais si la prudence ne permet pas l'émancipation immédiate, si les colonies françaises doivent rester encore pendant de longues années soumises à un régime transitoire dans lequel l'esclavage ne disparaîtrait que par degrés, il est urgent d'adopter des dispositions qui adoucissent autant que possible cette situation, en stimulant les maîtres, même par leur propre intérêt, à procurer à leurs esclaves le bien-être matériel, et l'amélioration morale qui les rendra aptes à user de la liberté, il faut des institutions telles que le maître espère trouver son avantage à substituer le travail acheté à des ouvriers libres , au travail commandé à des esclaves.

En même temps que l'on chercherait à améliorer la moralité de la population , soit esclave, soit affranchie, il serait bon je crois de favoriser la métisation , la fusion des deux races., car toujours le blanc pur restera peu propre à la plupart des travaux exécutés sous le soleil des tropiques, et il est à craindre que chez la race nègre sans mélange , on ait bien de la peine à faire naître cette prévoyance , ce besoin d'accumuler pour soi et pour ses enfants , dispositions sans lesquelles il n'est guère d'hommes dont la conduite soit régulière , l'activité soutenue et bien dirigée , le travail productif. Mais le mulâtre joignant à la force physique de la race africaine l'intelligence européenne , peut devenir l'homme social se procurant par le travail et l'industrie le nécessaire d'abord , puis le bien-être , puis l'aisance , puis enfin la fortune.

CHAPITRE II.

Des mesures à prendre immédiatement pour adoucir le sort des esclaves, et les préparer à l'émancipation.

La pénalité contre les maîtres qui abusent de leur pouvoir aurait peut-être besoin d'être aggravée (*), et comme les

---

(*) Il me semble que celui qui commet un délit quelconque contre

actes répréhensibles dont le motif et la cupidité ne sont jamais mieux punis que par les pertes pécuniaires, des amendes extrêmement fortes devraient faire partie de la punition de ceux qui exigent de leurs esclaves des travaux au-dessus de leurs forces, ou qui les privent des jours et heures de repos accordés par la coutume, et contre ceux qui ne fournissent pas suffisamment à leurs besoins, qui les abandonneraient dans leurs maladies ou dans leur

---

les droits d'un esclave devrait être beaucoup plus sévèrement puni que celui dont les torts ont lésé une personne libre, car plus il est facile d'échapper aux suites d'une mauvaise action, plus l'intimidation doit être forte, or on ne peut nier qu'au moins dans le régime colonial tel qu'il fut jadis, il eut été difficile, et même dangereux pour un nègre, de se plaindre d'injustices éprouvées de la part de son maître, ou de celle de quelqu'un pour qui ce maître avait des ménagements à garder.

Encore que je regarde les amendes comme un utile moyen de répression, j'observerai que non-seulement dans la législation coloniale, mais dans toute pénalité, le chiffre de l'amende devrait varier d'après la fortune du coupable, sans quoi une punition excessive pour l'un est dérisoire pour l'autre : on connaît l'histoire de ce contemporain de Lucullus, qui distribuait des soufflets à toutes les figures qui lui déplaisaient, et était suivi d'un affranchi chargé de payer immédiatement les 10 ou 12 *as*, dont la loi des 12 tables punissait ce délit... Nos codes, au lieu de parler d'amendes de tant de francs, devraient porter *tant de fois les ressources journalières du coupable,* c'est-à-dire tant de fois ses revenus, traitements, ou gains présumés d'un jour, le tout évalué par un magistrat taxateur ; les juges alors ne seraient injustes que quand ils le voudraient, aujourd'hui ils le sont souvent malgré eux, et en suivant la loi, qui quelquefois prononce des amendes inférieures au profit du délit, par exemple pour la vente du pain à faux poids, ce qui coûte 5 fr. au boulanger, agent du millionnaire qui agiote sur les grains et s'enrichit par la famine.

vieillesse, sans préjudice d'autres peines contre ceux qui leur font subir des traitements injustes, des punitions non autorisées par les lois, ou trop sévères pour les fautes commises. Aux peines pécuniaires on devrait ajouter, ce qui déjà est dans le code noir, l'incapacité de posséder des esclaves, et aussi celle de diriger ceux d'autrui : le maître qui déléguerait quelque autorité sur les siens à l'individu libre ou esclave frappé de cette incapacité, payerait lui-même une forte amende. Ces deux peines d'amende et d'incapacité de posséder et de diriger des esclaves devraient atteindre les maîtres corrupteurs, c'est-à-dire abusant de leur position pour pousser les leurs à quelques mauvaises actions, en en faisant ou tentant d'en faire les agents d'actes offensifs, ou de délits contre la propriété d'autrui ; la peine pécuniaire devrait être bien sévère contre celui ou celle qui, en vue d'un gain infâme, livrerait une femme ou une fille à la prostitution. La morale est dans ces contrées tombée trop bas pour que l'on puisse y prononcer des peines contre le maître qui, pour satisfaire son caprice libertin, n'emploie que les moyens ordinaires de séduction, mais celui qui recourerait à des procédés durs, à des privations, soit envers la femme ou la fille qui lui aurait résisté, soit envers ceux ou celles qu'il croirait l'avoir encouragée dans sa résistance, ce tyran débauché devrait être puni avec une grande rigueur, il semble que c'est là un des cas où devrait être prononcée l'incapacité de posséder des esclaves, et une amende très-élevée.

Dans tous les cas où un maître devrait être puni pour délit commis envers un esclave de l'un ou de l'autre sexe, quelle que soit la nature de ce délit, cet esclave, ainsi que ceux sur lesquels pourraient s'étendre les ressentiments du maître, les témoins, les parents ou amis des lésés seraient, s'ils le demandaient, vendus à l'enchère, en présence d'un magistrat qui pourrait rejeter les offres des enchérisseurs qu'il soupçonnerait de s'entendre avec le maître exproprié, et cette collusion reconnue serait punie d'une forte amende imposée solidairement sur les divers complices d'un tel délit. Peut-être le meilleur moyen d'empêcher ces rachats par tierces personnes, serait d'envoyer ces esclaves, destinés à être revendus, dans une autre île ou au moins sur un point éloigné de la résidence de leur maître, auquel on cacherait jusqu'après cette enchère, le lieu où elle devrait s'effectuer.

Les produits de toutes les amendes prononcées pour actes répréhensibles, commis au préjudice des esclaves, seraient versés à une caisse dite de *libération* dont nous parlerons dans un autre chapitre; cette caisse serait destinée à payer des affranchissements, mais ceux à l'occasion desquels auraient été prononcées les amendes, n'auraient, pas plus que d'autres, droit à cette libération, cette restriction serait nécessaire, car si l'esclave maltraité était émancipé par ce motif, il serait à craindre que les tribunaux retentissent de bien des plaintes mal fondées, ou même que des esclaves cherchassent à mécontenter leurs maîtres pour devenir libres au prix de quelques souffrances passagères. Dans le système que je propose, le maître coupable serait doublement puni, d'abord par l'amende, ensuite parce qu'en repoussant de l'enchère ses mises et celles de toute personne suspecte de s'entendre avec lui, ces esclaves serait adjugés à un prix très-bas, on dit qu'être vendus à bon marché est pour eux une chose fort pénible, et qui froisse singulièrement leur vanité, mais cela vaudrait pourtant mieux que d'être exposés à retomber au pouvoir de leur tyran, comme cela pourrait arriver si l'enchère était ouverte à tout le monde.

Mais le moyen qui me semblerait devoir améliorer à la fois la moralité des maîtres et celle des esclaves, et adoucir la position de ceux-ci, ce serait d'accorder à l'esclave le droit de changer de possesseur, quand un acquéreur préféré par lui consentirait à le payer à son propriétaire actuel, d'après un tarif réglé par la loi, ce tarif ne devrait être ni trop élevé, pour qu'il y ait avantage à acheter de bons sujets, de bons ouvriers, ni trop bas, pour qu'il y ait perte à acheter des êtres vicieux, ou paresseux; d'une telle loi il résulterait que les maîtres auraient intérêt à être bienveillants, à se faire aimer de leurs nègres, non-seulement pour les maintenir à leur service, mais encore pour attirer dans leurs ateliers ce qu'il y aurait de mieux chez d'autres maîtres, qui n'auraient pas l'affection des leurs... En même temps, les esclaves sentiraient qu'en méritant la réputation de sujets laborieux, et d'une bonne conduite, ils s'assurent des facilités pour trouver un nouveau maître quand ils seront fatigués de celui actuel, l'esclavage ne serait plus guère alors que ce qu'est en Europe le service salarié d'un valet, ou d'un ouvrier.

Peut-être pour éviter la coalition des maîtres, convenant entr'eux de ne pas acheter l'esclave qui voudrait quitter un atelier, il faudrait étendre le cercle de cette acquisition de travail aux gens qui ne pouvant, ou ne voulant pas acheter entièrement un esclave s'offrant à eux, voudraient seulement le louer pour un temps déterminé, la loi devrait régler le rapport entre le prix d'acquisition et celui de location annuelle, soit le triple de l'intérêt légal dans les colonies; ainsi le nègre valant 1500 fr. pourrait entrer au service du maître qu'il choisirait et qui, l'argent étant à 5 pour 100, paierait à l'ancien possesseur 225 fr. par an.

Toutefois l'on sent que dans certains cas, ce droit de se

faire acheter ou vendre devrait être restreint, par exemple
une femme mariée ne devrait changer de maître qu'avec
le consentement de son mari, (déjà dans les lois actuelles,
on ne peut vendre séparément la femme et le mari, ni les
enfants sans la mère); les mineurs, les jeunes filles surtout,
ne devraient être autorisés à ces changements, qu'après
qu'un magistrat, à ce préposé, se serait assuré qu'il n'en
résulte pour eux aucun accroissement dans les chances de
mauvaise éducation et de corruption de mœurs, ces mineurs de l'un et de l'autre sexe devraient en outre avoir,
pour de tels changements de maître, le consentement de
leurs parents, encore que ceux-ci soient esclaves. Si les
mœurs tropicales étaient ce que l'on doit désirer qu'elles
deviennent, le droit des mères sur les enfants ne devrait
pas s'étendre à ceux nés hors du mariage, mais tant que
les habitudes ne seront pas changées, cela serait bien ri-
goureux, et je pense que l'on pourrait laisser ce droit sur
ses enfants mineurs, à la femme dont la conduite est devenue décente... Quant aux enfants ou jeunes gens qui,
n'ayant pas de parents susceptibles de juger ce qui peut
leur convenir, demanderaient à changer de maîtres, ce
serait le magistrat chargé de veiller sur ces transactions qui
déciderait si l'acquéreur indiqué par eux offre les garanties morales nécessaires.

Le tarif de toutes ces ventes, tarif imprimé et publié offi-
ciellement, devrait être basé sur les qualités physiques des
sujets cédés, et aussi quelquefois sur les qualités acquises;
ainsi les prix varieraient d'après l'âge, le sexe, la taille de
chaque individu, et encore d'après le métier ou les métiers
dont il aurait acquis la connaissance aux frais de son maître, car pour ce que l'esclave aurait appris par un enseignement que le maître n'aurait pas payé, il n'en serait pas
tenu compte dans l'évaluation.

Si l'on prenait l'élévation de la taille pour première base de l'appréciation, il en résulterait une grande injustice, ce serait que le sujet trop mince, celui dont la maigreur serait peut-être le résultat de l'avarice d'un mauvais maître, ne pourrait profiter du bénéfice de la loi pour se faire acheter par un autre, et s'il se rachetait lui-même ce serait plus cher qu'il ne vaudrait, car quoi qu'apprécié de même au tarif, il aurait une valeur réelle inférieure à celle du sujet de même taille, mais ayant de l'embompoint : il faudrait donc que le tarif prenne pour point de départ toute la situation matérielle des évalués, la corpulence comme la hauteur, il y aurait quelque chose de trop avilissant à apprécier des hommes au poids, mais ne pourrait-on pas les mesurer comme dans certains laboratoires on mesure le volume de corps très-irréguliers par l'immersion dans un vase rempli d'eau (*), on y plonge l'objet dont on veut connaître les dimensions, et au moyen d'une échelle tracée dans l'intérieur du vase on voit quelle quantité d'eau a été déplacée par cette immersion. En plongeant un homme jusqu'au menton dans un tel vase, on connaîtrait le volume de sa personne à un centimètre cube près ; le tarif devrait donc prendre pour première base d'appréciation cette mesure d'un centimètre ou décimètre cube, la valeur de l'individu

---

(*) Cela s'est fait dit-on pour reconnaître si dans des objets d'or et d'argent on n'avait pas frauduleusement introduit d'autres métaux moins précieux, dans ce cas la pesanteur de l'objet examiné est moindre, proportionnellement à son volume, qu'elle ne devrait l'être s'il n'y avait pas eu de changement de matière : on dit que ce fut Archimède qui imagina ce moyen pour découvrir si une couronne, faite pour un tyran de Syracuse, contenait effectivement l'or livré à l'artiste.

en le supposant en parfait état d'âge et de santé étant connue, on en diminuerait tant pour 100 pour chaque défaut physique, claudication, faiblesse de vue, difformité de la taille ou des membres, perte d'un œil, ou de plusieurs dents, etc., tant aussi pour chaque année dont l'âge de l'évalué se trouverait au-dessus ou au-dessous de l'âge réputé l'apogée de la vie, soit 27 ans pour les hommes et 22 pour les femmes. Le prix serait augmenté de tant pour 100 pour chaque métier que connaîtrait parfaitement l'évalué ; en cas d'instruction incomplète ou acquise autrement qu'aux frais du maître, le magistrat préposé aux évaluations déciderait qu'elle portion de métier doit être comptée dans celle de ce sujet, et s'il doit être compté pour 20, pour 30, pour 40, pour 100 dans telle profession.

Il faudrait faire entrer dans ces tarifs comme une circonstance diminuant beaucoup la valeur d'un apprécié, l'état de maigreur et de mauvaise santé, car quand on pourrait soupçonner que cet état est le résultat du défaut de soins ou de la dureté du maître, la certitude d'avoir à bon marché l'esclave en mauvais état le ferait acheter par des gens qui le rétabliraient au moyen d'un meilleur régime, le magistrat évaluateur devrait donc avoir la faculté de réduire dans une certaine proportion soit 10, 15, 20 pour 100 le prix de l'évalué atteint de maladies longues et chroniques, quand ce mauvais état ne proviendrait pas de la faute du maître... Mais la réduction serait bien plus forte, et il devrait même y avoir de fortes amendes au profit de la caisse des libérations, quand cette situation serait le résultat du défaut de soins, des mauvais traitements, d'une nourriture insuffisante, ou de travaux excessifs.

Pour réprimer le libertinage des esclaves, il serait bon qu'ils fussent avertis que les maladies provenant de débauches n'entraîneront aucune réduction dans l'évaluation, en sorte que ceux qui seraient à un haut degré attaqués de telles maladies, trouvant difficilement quelqu'un disposé à les acheter au tarif, ne seraient vendus que quand leurs maîtres le voudraient. On voit que dans ces évaluations la moralité et la conduite de l'évalué ne seraient comptées pour rien, cette disposition aurait une influence moralisatrice, en assurant aux bons sujets qui voudraient changer de maîtres une facilité que n'auraient pas ceux dont la réputation serait mauvaise.

Il y aurait un moyen de prévenir presque toujours les contestations entre les vendeurs forcés et les acheteurs choisis par les évalués, ce serait que les impôts qui dans ce moment sont de tant par tête d'esclaves, fussent de tant de leur valeur, fixée par leur maître, et indiquée dans un tableau affiché ou déposé dans un lieu où chacun pourrait en prendre connaissance, le maître ne pourrait refuser de livrer l'esclave à celui qui d'accord avec celui-ci en offrirait ce prix auquel lui-même l'aurait taxé, toutefois l'esclave et celui à qui il voudrait être vendu auraient le droit de demander une évaluation devant le magistrat à ce préposé, si celle du maître leur paraissait au-dessus du tarif.

De cette disposition il résulterait que le maître humain et bienveillant, certain que ses esclaves n'ont pas envie de le quitter, pourrait impunément les évaluer très-bas, et paierait pour eux une taxe moins forte que celui qui, haï des siens, devrait les déclarer pour toute leur valeur. Ainsi l'avarice même plaiderait en faveur de l'humanité... Là où les mauvaises passions sont le mobile principal des actions de l'homme, c'est-à-dire presque partout, l'art du législateur consiste à les faire agir, dans l'intérêt de ce qui est bien, comme la médecine tire des poisons des moyens curatifs.

Mais ce qui donnerait à ce moyen de hâter l'émancipation une grande et prompte efficacité, ce serait une loi substituant au droit payé en entrant en France par le sucre colonial, un droit payé sur la valeur déclarée des esclaves occupés soit à ce travail, soit de toute autre manière; alors le colon chercherait : 1° à se concilier par de bons traitements l'attachement de ses nègres ; 2° il chercherait aussi à remplacer le travail des esclaves par celui des salariés, et surtout par celui des animaux et des machines, de l'eau, du vent, et de la vapeur... Je sais bien que si tels étaient les résultats obtenus, les produits de cet impôt diminueraient rapidement, mais ce revenu de l'état que perçoivent les douanes sur les produits coloniaux va se perdre de même, car l'industrie saccharine des Antilles est à l'agonie et ne peut, à moins d'une égalité de droits, soutenir la concurrence de sa rivale la sucrerie flamande, or cette égalité promise pour dans 4 ans, par la loi discutée en 1843 (5) n'arrivera jamais, fut-elle décrétée en droit, la fraude, en fait, l'éluderait toujours, car les préposés à l'impôt ne voudraient pas se faire destituer, en s'acquittant de devoirs désagréables à des industriels puissants que protège l'opinion publique, qui exercent presque toujours une grande influence électorale et souvent même participent à la puissance parlementaire. Je sais bien que ces sucriers de la Flandre qui trouvent le privilège dont ils jouissent une chose très-juste, crieraient *au privilège* si, pour amener l'émancipation, le sucre colonial produit par des bras libres était pendant quelques années exempt de taxe, ou soumis à une inférieure à celle qu'ils payent ; cette exemption ne serait cependant qu'un bien faible dédommagement de la charge terrible que supportent les colonies par l'interdiction de commercer avec d'autres contrées que la métropole, et même de produire autre chose que du café, du coton et du sucre, dont encore on ne leur permet pas de perfectionner la fabrication... Et puis ce sacrifice pécuniaire serait toujours moins lourd qu'une émancipation à l'anglaise, avec indemnité aux maîtres dépossédés, cela serait surtout moins sensible, car de l'argent qui n'arrive pas, cela paraît moins que celui qu'il faut donner, cela serait plus facile à obtenir de la puissance parlementaire qui, avec raison, s'effraierait à l'idée de payer 300 millions pour l'émancipation, mais que l'on dise les nègres valent 300 millions, les produits coloniaux en paient 40 en entrant en France, laissez-les entrer sans aucun droit et levez 14 pour 100 de la valeur *déclarée* de tout esclave, vous aurez de même vos 40 millions, les répugnances seront nulles même chez ceux qui auront la vue assez longue pour prévoir les conséquences de cette mesure, conséquences telles que la philantropie s'élèverait contre ceux qui les repousseraient par économie ou par betteravomanie. Il faut remarquer qu'une telle disposition ferait supporter à tout possesseur d'esclaves, n'importe à quoi il les emploie, une partie du fardeau qui en ce moment tombe presque exclusivement sur la production saccharine coloniale. On atteindrait le luxe ostentateur et aussi le luxe de la débauche.

De cette faculté de se faire acheter au prix du tarif, ou de la valeur imposée, par un nouveau maître, malgré l'opposition maître actuel, résulterait nécessairement le droit de se racheter soi-même, aux mêmes conditions, toutefois peut-être il conviendrait que la perte ou la suspension de l'un de ces droits, et même de tous les deux, fut une peine légale, appliquée à l'esclave déclaré par jugement coupable de délits graves, et surtout de délits contre la probité, il ne faut pas que le produit d'un vol serve à acheter le titre de citoyen français, qu'une fille devienne libre à force de prostitutions.

Il faudrait que les magistrats chargés de la protection des esclaves eussent le droit d'interdire d'en acheter (même quand ce serait les esclaves qui le demanderaient), à ceux des libres réputés capables de les maltraiter ou de les corrompre, ainsi une femme ou fille ne pourrait, même sur sa propre demande, être vendue à des agents ou agentes de débauches. Il semblerait d'abord inutile de défendre aux esclaves de se faire acheter par des gens coupables de dureté envers ceux qu'ils ont eus antérieurement, mais comme les tyrans ont besoin de bourreaux, il peut arriver qu'un nègre d'un naturel encore africain, désire appartenir à un mauvais blanc, pour être l'instrument de sa méchanceté. Des hommes violents, injustes, portés à se mettre au-dessus des lois ou à les éluder, attireraient volontiers à leur service l'esclave audacieux ou rusé qu'ils pourraient charger de leurs vengeances où employer à des fourberies, un débauché serait le maître de choix pour celui qui se sent habile à préparer la séduction. Il faudrait donc qu'une sorte de tribunal de censure ait le droit d'interdire toute acquisition d'esclaves, même à des gens auxquels il serait encore permis de conserver ceux qu'ils possèdent.

Dans ce but d'adoucir l'esclavage, en attendant que l'on puisse entièrement le supprimer, il me semble que l'on devrait interdire au maître la faculté de faire quitter à l'esclave la colonie où celui-ci est né, sauf le cas où cet esclave y consentirait, s'il est majeur, et où ses parents donneraient ce consentement, s'il est mineur... Les contraventions à cette disposition devraient être punies par de fortes amendes au profit de la caisse de libération.

CHAPITRE III.

Des affranchissements et des moyens à prendre pour donner aux libérés des habitudes morales et laborieuses.

Nous avons parlé dans les chapitres précédents d'une *caisse de libération* à laquelle appartiendrait le produit des amendes infligées aux maîtres coupables de dureté, de corruption, de défaut de soins, d'actions brutales, etc.; à ces amendes on devrait ajouter celles pour d'autres délits, et notamment pour avoir fait la traite, avoir participé à ce commerce en y prenant un intérêt, ou en achetant des noirs importés d'Afrique; 2° la caisse de libération devrait profiter aussi du produit de la vente de ces importés, ou de leur mise en apprentissage, car quand ils sont saisis on ne sait quoi en faire, les renvoyer en Afrique, c'est les rendre à un esclavage plus dur que celui des colonies, c'est peut-être les livrer aux festins de l'antropophagie; les mettre en liberté sans les y préparer, ils deviendront des vagabonds sauvages et des brigands affamés, le mieux serait donc de les confier moyennant un prix résultat d'enchères, et pour un certain nombre d'années, à des planteurs qui auraient sur eux à peu près les mêmes droits que les maîtres ont sur leurs esclaves, il faudrait bien se garder de stipuler à tant par mois ou par an, comme font les anglais, le prix que les maîtres paient pour avoir de ces apprentis, car alors ces tuteurs n'auraient que peu d'intérêt à la conservation de leurs pupilles, il faudrait au contraire que la somme fût payée comptant, que le maître n'ait rien à réclamer si l'apprenti mourait, et qu'il fut même obligé de le nourrir, s'il devenait à son service incapable de gagner sa vie, d'ailleurs ces apprentis auraient au bout d'un an ou deux, le droit de se faire acheter comme les autres esclaves, par un maître de leur choix qui les paierait à celui qu'ils quitteraient, d'après un tarif analogue à celui dont il est parlé au chapitre précédent, mais modifié d'après le temps que devrait encore durer l'apprentissage du sujet à apprécier. Ainsi le prix du travail de ces africains servirait à affranchir des nègres créoles qui, plus avancés dans la civilisation, et bien choisis, pourraient devenir des hommes libres, utiles et heureux.

On pourrait aussi doter la caisse de libération du produit d'un droit sur les ventes d'esclaves, droit qui serait très-abaissé, quand ce serait l'esclave lui-même qui aurait désigné son acquéreur, et cela afin d'encourager la bienveillance, en donnant au maître humain un avantage sur celui dont la domination est redoutée : quand un esclave serait vendu à l'enchère par suite d'un jugement qui l'oterait à son maître, coupable envers lui de duretés, de brutalités, de tentatives du corruption, etc., si le prix auquel s'arrêtait l'enchère restait au-dessous du tarif, ce serait tant pis pour l'exproprié, mais dans le cas contraire, il recevrait seulement ce prix du tarif, et l'excédant serait dévolu à la caisse de libération.

Si la métropole voulait être généreuse elle pourrait aussi doter cette caisse pour l'amortissement de l'esclavage, soit d'une rente fixe, soit d'un prélèvement de tant pour 100 sur les droits que les produits coloniaux paient en entrant en France.

Ne pourrait-on aussi vendre aux habitants des colonies

des (6) licences pour porter leurs produits ailleurs qu'en France, et rapporter chez eux des articles tirés de ces autres contrées, le prix de ces licences étant dévolu à la caisse des libérations, ce serait bien toujours l'industrie Française qui, par cette suspension de son monopole, paierait quelque chose dans l'émancipation des esclaves ; mais ce ne serait pas un prélèvement direct, comme si le budjet assignait une somme, ces allocations finissant toujours par amener un accroissement sur l'impôt foncier, à la charge de la propriété, dont cependant la part dans les profits du commerce d'outre-mer est moindre que celle de l'industrie ; d'ailleurs, en n'accordant ces licences qu'avec sobriété, il serait possible que l'exportation métropolitaine n'en fut pas sensiblement affectée, car cet argent que les créoles gagneront à leur commerce avec l'étranger, celui qu'ils auront donné eux ou des spéculateurs d'Europe, pour le prix des licences, et qui leur sera rendu pour paiement de leurs noirs émancipés, cet argent qu'en feront-ils ? Les uns l'emploieront en articles de luxe et de fantaisie, vins, soieries, colifichets, et c'est la France qui fournit tout cela, d'autres achèteront des objets reproductifs, animaux de travail, machines, appareils perfectionnés, presque toujours tirés de France également, les licences n'étant qu'une exception, et le régime actuel restant la règle.

Pour employer les revenus de la caisse de libération, un comité ou juri composé en partie d'habitants, et en partie de magistrats et d'administrateurs, désignerait annuellement dans chaque *quartier* (*) un certain nombre d'esclaves,

---

(*) *Quartier*, division territoriale répondant à ce que nous appelons canton.

que leur moralité et leur bonne volonté pour le travail feraient présumer dignes de la liberté, à chacun de ces *proposés pour l'affranchissement*, on assignerait un *numéro de mérite*, et au prix du tarif dont il a été question au chapitre précédent, on commencerait le rachat par les premiers numéros, tant qu'il y aurait des fonds disponibles.

Nous avons dit que les maîtres payant un impôt sur la valeur des esclaves pourraient, si cela leur convenait, déclarer une valeur inférieure au tarif, mais à la condition que l'esclave pourrait se racheter lui-même, ou se faire acheter par un maître de son choix, au prix porté dans cette déclaration. Il me semble qu'en cas d'achat par la caisse des libérations, il ne devrait plus en être ainsi, et que toujours le prix payé devrait être celui du tarif, car autrement le maître qui, comptant sur l'affection de ses esclaves, et certain qu'ils ne veulent pas le quitter pour un autre, aurait fait une déclaration au-dessous du prix réel, serait moins bien traité que celui qui haï des siens, a dû, pour les conserver, payer la taxe sur leur valeur totale et réelle.

Comme l'avarice pourrait imaginer de se débarrasser, par cette émancipation payée, des esclaves vieux ou infirmes, le jury ne devrait mettre sur sa liste que des sujets au-dessous de 45 ans (*) et ayant les qualités physiques convenables à un homme de travail.

Si un homme *proposé* était marié légalement, sa femme et ses enfants au-dessous de 15 ans, seraient regardés comme

---

(*) L'exécution de cette disposition nécessiterait l'établissement de registres de l'état civil, qui manquent encore dans beaucoup de parties des colonies, ce qui est peu convenable et semble assimiler les esclaves au bétail et les laisser au-dessous des chevaux, dont souvent les unions et les naissances sont enregistrées.

accessoires de sa personne et rachetés avec lui sous un seul numéro, il serait bon que les esclaves sachent que le mariage réel est une recommandation pour être porté sur les listes de proposition, mais que cependant la mauvaise conduite d'une femme peut empêcher son mari d'obtenir cette faveur, en même temps que cet avis pourrait combattre la répugnance que les nègres ont pour l'union indisoluble, cela engagerait l'un et l'autre sexe à ne se marier qu'avec celui ou celle dont ils n'ont pas à craindre que les fautes soient un obstacle à leur libération.

Si je suppose toujours que l'émancipation est vivement désirée par les esclaves, et si je fais entrer ce sentiment parmi les moyens qui doivent amener l'amélioration morale de cette classe, c'est que quand un préjugé est général et enraciné, il faut le traiter comme une vérité, mais dans la réalité je crois que l'espoir d'être racheté par la caisse de libération serait beaucoup moins efficace pour engager les nègres à une bonne conduite, que la pensée qu'une bonne réputation leur donne toutes facilités pour changer de maître quand il leur conviendra, en se faisant acheter au prix du tarif par celui qu'ils préféreront... Surtout si les droits à payer en introduisant le sucre en France, étaient remplacés par un droit sur la valeur des esclaves, valeur fixée par le maître, à la condition que l'esclave pourrait s'acheter lui-même, ou se faire acheter par un maître de son choix, à ce prix déclaré par le maître actuel... De telles dispositions pourraient beaucoup diminuer le nombre des aspirants à l'émancipation, en accordant un grand avantage pécuniaire au maître qui se ferait assez aimer de ses nègres pour ne pas craindre qu'ils aient envie de quitter ses ateliers, fussent-ils évalués à bas prix ou même affranchis.

Les filles pourraient aussi être proposées pour l'affranchis-

sement, mais leur libération devrait être précédée de leur mariage civil et religieux avec un homme libre ou affranchi, et
de préférence avec un européen colonisé selon un système
que je développerai plus bas, les *proposées* devraient donc
être choisis parmi les filles encore jeunes, et auxquelles
leurs antécédants permettraient de tels mariages, l'affranchissement accordé à ces femmes serait définitif, la puissance du maître étant immédiatement remplacée par celle
du mari.

Quant aux hommes, ils n'auraient qu'une liberté provi-
soire, susceptible d'être retirée et remplacée par une *mise
en tutelle*, dans certaines circonstances que nous indiquerons
plus tard. Le jury devrait proposer toujours plus de sujets
que l'on ne pourrait réellement en acheter avec les sommes
disponibles, et l'on permettrait aux *proposés* d'échanger
entr'eux leurs numéros de rachat, sans pouvoir cependant
les céder à des individus non portés sur les listes de propositions, par là serait encouragée la bienveillance des maîtres
dont les esclaves, satisfaits de leur situation, et porteurs d'un
numéro leur donnant une chance certaine d'affranchissement, l'échangeraient volontairement et moyennant quelque avantage pécuniaire, contre celui d'un autre *proposé*
moins bien placé sur la liste, et plus fatigué de la servitude... On pourrait aussi déranger l'ordre des numéros, en
faveur de ceux des proposés pour lesquels leurs maîtres
feraient une remise notable, comme 12 ou 15 pour 100 sur
le prix du tarif, on pourrait présumer que cet avantage
ne serait accordé qu'à des hommes laborieux, affectionnés
à l'atelier dont ils font partie, et que les maîtres espèrent
y conserver comme travailleurs volontaires après leur libération... On pourrait aussi accorder cet avantage de passer
avant son numéro à celui qui paierait 30 ou 40 pour 100

de ce prix de son rachat, car on pourrait présumer qu'un tel pécule n'a pû être amassé que par un sujet ayant de l'ordre et de la prévoyance, d'ailleurs de tels arrangements répétés fréquemment augmenteraient beaucoup le nombre des libérés.

Les propositions d'affranchissement ne seraient valables que jusqu'à la réunion suivante du jury, ayant à former une nouvelle liste ; les proposés et proposées, restés en servitude, les hommes par suite de l'épuisement de la caisse, les femmes par la même cause, ou faute de trouver un libre ou libérable qui veuille les épouser; ces individus, dis-je, pourraient être reportés sur la liste suivante, mais ce ne serait pas un droit, on sent la nécessité de cette disposition pour maintenir dans leur bonne conduite précédente les *proposés* de l'un et de l'autre sexe.

Nous avons dit que les hommes rachetés par la caisse de libération seraient prévenus que leur liberté peut, dans certains cas, leur être retirée pour la vie ou pour un temps déterminé, et être remplacée par une position analogue à l'esclavage, et que je propose de désigner par le terme de *mise en tutelle,* cette mesure serait la peine non-seulement de tout crime ou délit grave, mais encore d'une mauvaise conduite habituelle, on vendrait donc à l'enchère la tutelle perpétuelle ou à terme de ceux de ces libérés qui se rendraient coupables de vol, de vagabondage, de mendicité, résultat de paresse, de débauche, d'ivrognerie habituelle, seraient punis de même ceux qui se livreraient à des actes de violence, ou de rapine et de maraudage, ceux qui abandonneraient leur père ou leur mère vieux ou infirmes, ou leurs enfants en bas-âge, ou qui ne les formeraient pas au travail, les femmes adultères (mais seulement sur la plainte des maris), les maris qui maltraiteraient leurs femmes, les

pères et mères qui favoriseraient la corruption de leurs filles...
les libérés qui participeraient à des émeutes, à des complots ayant pour but de troubler l'ordre public... ceux qui
chercheraient à détourner de leurs travaux et de leurs devoirs, soit les esclaves, soit les personnes libres, et ceux
qui, n'ayant aucune ressource connue et licite, refuseraient
le travail salarié dont ils sont capables... et les agents et
agentes de débauches, surtout quand il y aurait corruption
de mineures ou de femmes mariées. Seraient aussi remis
en tutelle, les affranchis provisoires, débiteurs insolvables,
mais il faudrait bien se garder de rien accorder à leurs cré-
anciers sur le prix de leur tutelle, ce serait un encouragement à l'usure, bien des gens provoqueraient l'inconduite
de ces libérés, en leur faisant des avances à des prix élevés,
s'ils avaient des chances pour être payés ; voyez comme en
France on fait souvent des crédits ruineux au petit propriétaire et à l'artisan solvable.

Les sommes que les tuteurs paieraient pour le travail de
leurs pupilles appartenant en entier à la caisse de libération, ce prix de la liberté retirée à ceux qui n'en seraient
pas dignes servirait à payer l'émancipation de sujets plus
méritants. La loi devrait pourvoir au sort des femmes et
des enfants des *mis en tutelle*, lorsque la femme aurait par-
tagé les torts de son mari, elle suivrait son sort, mais sans
que cependant le tuteur ait le droit de les séparer, soit en
revendant la tutelle du mari séparément de celle de la
femme, soit en les forçant à habiter loin l'un de l'autre...
Quant aux enfants, ils seraient aussi pupilles du même tuteur que leurs parents, quand ils seraient trop jeunes pour
être livrés à eux-mêmes, mais le temps de cette tutelle serait
réglé d'après un tarif, proportionnellement à leur âge, en
sorte que leur travail n'appartiendrait au tuteur que pen-

dant le nombre d'années ou de mois nécessaires pour l'indemniser des dépenses qu'ils lui auraient occasionnées avant
de pouvoir lui être utile ; et lorsque des parents auraient
une conduite si mauvaise, que les magistrats jugeraient
que leurs enfants gagneront à être séparés d'eux, la tutelle de ces enfants, ainsi que celle des orphelins abandonnés,
serait adjugée au rabais, c'est-à-dire aux tuteurs qui, pré-
sentant des garanties morales, se soumettraient à les élever
en les gardant le moins long-temps après qu'ils seraient par-
venus à l'âge du travail. Toutefois ce rabais devrait s'arrê-
ter quand les offres seraient descendues à l'époque où
ces jeunes gens ne pourraient être entièrement libres,
sans inconvénients pour eux-mêmes, soit par exemple 21
ans, ainsi quand l'un des prétendants à une tutelle d'enfant aurait offert de ne le garder que jusqu'à cet âge, les
concurrents, au lieu de faire de nouveaux rabais de temps,
devraient offrir des sommes d'argent, et la tutelle resterait
au plus haut enchérisseur, ces sommes à la majorité du pupille seraient placées à son profit, ainsi l'enfant ne porterait
pas la peine des torts qui auraient replacés ses parents dans
la servitude, puisque lui-même ne devrait le travail non
payé que pendant le temps nécessaire pour compenser les
frais que son enfance aurait coûtés à son tuteur, les sommes
dues à cette classe de pupilles seraient, s'ils mouraient avant
leur majorité, dévolues à la caisse des *libérations*, à laquelle
on pourrait également attribuer la succession de tout affranchi mort sans héritiers et sans avoir testé.

Les pupilles engagés à leurs tuteurs pour un temps déterminé seraient, en cas de désertion, punis par une augmentation dans le temps de l'engagement, augmentation qui
pourrait, selon les circonstances, être le double, le triple,
ou le quadruple des absences illicites.

Voici encore un moyen qui me paraît propre à forcer les affranchis au travail et à leur en faire sentir les avantages, ce serait de les obliger à verser tous les ans une somme de... soit au moins 100 fr. à une caisse d'épargnes, les intérêts de ces versements seraient joints au capital, et cela jusqu'à ce qu'il y ait une somme pouvant rendre au moins 100 fr. de rente annuelle, dont alors l'ayant droit jouirait. Ces rentes seraient incessibles et insaisissables, tant dans les mains de l'affranchi qui les aurait fondées que dans celles de ses héritiers à la première génération. Les fonds ainsi recueillis seraient prêtés à la métropole, qui en paierait l'intérêt à un taux approchant de celui indiqué par le cours des fonds publics, et un article spécial de la loi porterait, que dans le cas de séparation entre la métropole et une colonie, les rentes servies dans cette colonie, cesseraient d'être dûes, par là une partie de la population affranchie serait intéressée au maintien de l'union entre la France continentale et ses établissements d'outre-mer. Pour forcer les libérés à épargner ainsi tous les ans une somme déterminée, on pourrait remettre en tutelle ceux qui ne le feraient pas, et cette tutelle durerait le temps nécessaire pour gagner cette somme... Pour cela on ferait publier que tel étant débiteur de tant envers la caisse d'épargnes, sa tutelle sera adjugée à celui qui la demandera pour le temps le moins long, en se chargeant d'acquitter cette somme que cet affranchi se doit à lui-même, puisque cet argent serait placé à son profit... Ainsi au lieu de pousser l'enchère sur le prix de la tutelle, les prétendants se chargeant d'acquitter cette dette, mettraient le rabais sur le temps que devrait durer la tutelle, c'est-à-dire la jouissance du travail du pupille.

Il faut remarquer que l'émancipation étant accordée aux

meilleurs sujets, et toutes ces dispositions ayant pour but
de forcer les affranchis à conserver des habitudes laborieuses, il est probable que beaucoup appliqueraient leur travail aux petites industries, café, coton, indigo, girofle, etc.,
dont la production n'est pas en ce moment pléthorique
comme celle du sucre.

On dira peut-être que tous ces arrangements exigeraient
la création de nouvelles fonctions rétribuées... Mais je prie
d'observer que les pays les plus avancés dans la science
gouvernementale font des sacrifices pécuniaires, donnent
des primes, quelquefois soutiennent des guerres, pour procurer des débouchés à ceux des produits de leur sol ou de
leur industrie, qu'ils ne peuvent consommer ; la France ne
devrait donc pas regretter la dépense d'un *drawback* payé
pour favoriser *l'exportation des bacheliers;* et ce que coûte-
raient en fonctionnaires rétribués les innovations que je
propose serait peu de chose, on aurait ces fonctionnaires
au rabais, car ce qu'il faudrait ce serait des hommes ins-
truits, ayant l'honorable ambition de s'élever aux dignités
de l'administration et de la magistrature, carrières qui
n'étant bien rétribuées que dans les sommités, ne con-
viennent qu'à des gens ayant de la fortune, or de tels sujets, la France en foisonne, que l'on annonce que 50 places à
1200 fr. d'appointements vont être créées aux colonies, et que
ceux qui auront exercé ces emplois pendant six ans seront aptes à obtenir en France des emplois de Conseiller de préfec-
ture, de Substitut de Procureur du roi, même de Juge
suppléant, chaque député sera assailli de vingt demandes
formées par des licenciés en droit, ayant les uns l'aisance,
les autres la fortune, et sur 2000 prétendants il se trouvera
peut-être 100 hommes de mérite... et si le climat tropical
les moissonne, *la terrre en produit de nouveaux.*

En France les bras ruraux, et ceux qui dans l'armée ma-
nient le mousquet, ne sont pas surabondants, mais chez
la classe lettrée il y a encombrement et plethore, état de
choses dont en ce moment il résulte malaise et souffrances,
et qui peut dans l'avenir être une cause de violentes commotions.

CHAPITRE IV.

Des moyens à prendre pour hâter la civilisation des affranchis.

Il est malheureusement bien probable que même après
l'abolition complète de la servitude personnelle, il faudra
laisser écouler bien du temps et procéder par individus,
non par masses, pour accorder à la population coloniale
affranchie des droits semblables à ceux dont jouit la population française en Europe, il faudra attendre l'extinction
de la première génération, car rarement d'un affranchi on
peut faire un citoyen (*), il faudra non-seulement laisser disparaître tout ce qu'a moralement flétri la servitude, mais
encore matériellement il faudrait décolorer, affaiblir la
barbarie native de la teinte africaine, délayer le sang de

______

(*) Cela est peut-être arrivé quelquefois à Rome, mais les esclaves
des romains étaient des captifs pris à la guerre, et souvent égaux
en lumières et en civilisation à leurs maîtres. Ceux des Antilles sont
des sauvages que leur contact avec les européens a corrompus et
souvent laissés sauvages.

Cham; dans celui de *Japhet,* aspirer à remplacer les nègres par des hommes de race mélée, race dont le physique peut supporter les cultures exécutées sous le soleil des tropiques, et dont le moral peut s'élever à ce mouvement d'idées qui cherche dans le travail non-seulement le nécessaire, mais encore l'aisance et l'espoir de la fortune, c'est par la métisation et le mélange à forte dose du sang européen d'origine vulgaire, que l'on aura dans ces contrées des hommes usant de leur liberté autrement qu'en allant ramasser des coquilles pour s'en nourrir, et en dormant en guenilles sous un ajoupa.

Encore que la nécessité de conserver dans ces possessions éloignées une milice respectable y fasse dispenser la population de fournir au recrutement ordinaire, le service des gardes nationales mobilisées à chaque guerre étant un fardeau bien plus lourd que la conscription, il me semble que l'enrôlement volontaire devrait être permis, et qu'on ferait bien de le stimuler parmi les esclaves, en offrant la liberté comme prix de 14 ou de 21 ans de services dans les troupes de terre ou dans la marine (7), ces affranchis seraient réputés remplaçants, et les sommes payées par leurs remplacés serviraient en partie à indemniser leurs maîtres, en partie à assurer leur propre bien-être pour l'époque où ils quitteraient le service. Les engagements seraient reçus pour la marine de 14 à 25 ans, pour les troupes de terre de 16 à 30 ans, et il me semble que des nègres pourraient faire une bonne espèce de soldats ou de matelots, car la plupart sont braves, adroits et agiles, et si nous conservons l'Algérie, ils supporteront le climat de cette contrée mieux que les français d'Europe, l'ignorance, l'infériorité intellectuelle dont on accuse la race Africaine, sauf de rares exceptions, ne permettent guère de les élever que tout au plus au grade de caporal, mais ce n'est pas là un défaut dans une armée où la matière *avançable* n'est déjà que trop abondante, et où de grands désordres peuvent être le résultat de l'encombrement de capacités, et du malaise qu'éprouve une foule d'ambitions intelligentes, dans des positions inférieures au mérite que l'on se sent ou que l'on se suppose, la France gagnerait en stabilité, peut-être en puissance, si elle pouvait métamorphoser en soldats bruts, en machines à coups de fusil, quelques milliers de jeunes militaires qui ont l'intelligence et l'instruction convenables pour occupper des grades d'officiers, et qui attendent et se disputent les rares vacances d'un galon de fourrier ou de sergent.

Les nègres engagés seraient payés à leurs maîtres au prix du tarif, mais le gouvernement s'indemniserait de cette dépense, en faisant vendre tous les ans à l'enchère en France, et dans les arrondissements où les remplaçants sont au plus haut prix, un nombre de *bons de remplacement*, égal à celui des nègres engagés dans le courant de l'année précédente, plus de ceux qui ayant fini leur 7me ou leur 14me année d'engagement, et étant encore propres au service, seraient réputés commencer un 2me ou 3me remplacement, le conscrit qui aurait acheté un de ces *bons* serait considéré comme remplacé, effectivement il aurait payé la somme au prix de laquelle la bayonnette du soldat noir aurait été introduite dans l'armée... Pour empêcher que ces *bons* ne deviennent matière à agiotage et à accaparement, il faudrait en soumettre la vente de seconde main, à un droit élevé comme de 15 ou 20 pour 100 du prix d'adjudication.

Sur le produit de la vente de tous ces bons, il serait prélevé, au profit des soldats ou matelots, dont ces titres représenteraient le service, au droit que je suppose de 10 pour 100 , comme les calculs seraient, faits sur la masse, il y aurait part égale pour chacun des hommes engagés dans la même année, ces sommes seraient, avec les intérêts accumulés et composés, partagées entre les ayant droit lors de la libération, et placées sur leur tête en rentes viagères, ceux qui auraient déserté ou commis quelque délit assez grave pour entraîner l'expulsion du service, ou un emprisonnement de plus d'un an, seraient exclus de ce partage, et tous les engagés d'une année étant considérés comme frères, les vivants hériteraient des morts.

De toutes les manières de se faire exempter du service, l'achat d'un *bon de remplacement* serait la plus certaine, on n'aurait pas l'inquiétude du refus du sujet présenté, ou de la banqueroute et des autres friponneries des agences, etc. Il est donc probable que ces bons se vendraient très-bien, supposons 1500 fr., la part du gouvernement serait donc pour les hommes faisant les trois engagements, de 4050 fr. Quelle que large que soit l'indemnité payée aux maîtres, le trésor ferait toujours un bénéfice important. La part de l'engagé serait d'abord 150 fr. à intérêts composés pendant 21 ans environ, avec ces intérêts.. . . . .   423 fr.

       2° 150 fr. pendant 14 ans. . . .   300

       3° 150 fr. pendant 7 ans.. . . .   208

                            TOTAL. . . . .   931 fr.

On peut compter qu'au bout de 21 ans il ne resterait que tout au plus 1/3 de ces engagés qui auraient survécu et n'auraient pas encouru l'exclusion du partage, mais comme d'un autre côté beaucoup n'auraient pas duré jusqu'au 3me ni même jusqu'au 2me remplacement, je suppose que la part de chacun serait seulement un peu plus que doublée, soit 2000 fr. placés à 10 pour 100 (rente viagère bien modérée pour de vieux soldats de race tropicale, c'est-à-dire souvent usés par l'ivrognerie et la débauche), cette somme vaudrait à chacun 200 fr. de revenu annuel. L'état gagnerait probablement à garder ces capitaux à cette condition d'en payer 10 pour 100, et à autoriser les ayant droit à toucher cette rente, soit dans la France continentale, soit dans les possessions d'outre-mer, résidence que probablement le plus grand nombre choisirait, et le fisc y gagnerait un accroissement dans les chances d'extinctions prématurées, le gouvernement gagnerait encore à ce que ces hommes quittassent alors l'état militaire, le gouvernement, dis-je, y gagnerait de n'avoir pas à payer plus tard une pension de retraite pour 9 ans de mauvais service, tels qu'on peut en attendre de soldats au-dessus de 40 ans.

Les créoles doivent remarquer qu'en vendant, pour en faire des remplaçants, ceux de leurs nègres auxquels ce parti conviendra, ils s'assureront d'abord le prix de ces hommes, qu'une émancipation sans indemnité peut leur enlever, et ils se débarrasseront de la portion la plus remuante de la population esclave et de celle qui, une fois affranchie, serait le moins disposée à vendre son travail.

Je sais bien que si ces soldats ou matelots revenaient aux colonies se marier avec des femmes de leur race, il n'y aurait pas là progrès de la métisation physique, mais il y aurait *métisation morale,* car cet homme qui, pendant de longues années, aurait vécu parmi les blancs, aurait contracté des gouts, des habitudes que prendraient ses enfants qui, n'ayant pas comme lui une rente viagère, seraient obligés de travailler pour satisfaire à des besoins moins impérieux chez le nègre qui n'a été qu'esclave ou qui, affranchi, n'est pas sorti de son île, et puis un vieux soldat aurait des idées plus développées que si toujours il était resté dans son pays, car il faut remarquer que si la profession militaire, dans les grades subalternes, est pour les classes à instruction moyenne peu favorable à l'extension des facultés intellectuelles, le contraire arrive aux hommes tout-à-fait bruts, si le vieux caporal est moralement inférieur à son frère, commis à 600 fr. ou petit détaillant, le *troupier en sait plus long* que son frère porte-faix à la ville, ou pâtre à la campagne, le nègre ordinaire étant de beaucoup inférieur au blanc le plus vulgaire, gagnerait encore à acquérir la civilisation des casernes et les lumières du bivac.

Il faut remarquer que l'affranchissement par le service, éloignant beaucoup de jeunes noirs des Antilles françaises, la population qui y naîtrait des femmes de race africaine, esclaves ou affranchies, serait le plus souvent le résultat d'unions avec les blancs, ou hommes de couleur libres; ainsi la race nègre pure disparaîtrait, remplacée par les métis, ce qui est à désirer pour que ces contrées puissent être cultivées par des bras salariés, car chez le nègre pur, être libre et ne rien faire sont deux idées inséparables, le besoin les privations lui paraissent moins pénibles que le travail; mais le métis a l'instinct progressif, le désir du gain, du bien-être qui s'achète, il peut donc devenir l'homme social, vendant son travail.

Mais pour donner à cette caste un caractère moral estimable, il faudrait qu'il ne fut pas toujours écrit sur le front du mulâtre, qu'il dût le jour au caprice libertin d'un maître, aux débauches d'un soldat, d'un matelot, où de l'un de ces aventuriers que l'Europe vomit sur ses colonies chargés de quelque honte; il faudrait que le mariage reprit plus souvent aux Antilles la place qu'y a usurpée le concubinage.

Je voudrais donc que pour augmenter le nombre des

blancs, hommes de travail, une disposition qui pourrait
n'être qu'administrative réglât 1° que les militaires en
garnison dans ces îles, qui voudraient s'y fixer au moment
de leur libération, recevraient avec leur congé, une somme
égale à ce qu'aurait coûté au gouvernement leur passage
en Europe et leur retour dans leurs foyers; 2° qu'on leur
donnat un lot de terres cultivables, encore sans propriétaire (*); 3° que les filles esclaves proposées pour l'affranchissement, quand elles contracteraient mariage avec un
de ces soldats, auraient la préférence pour être rachetées
les premières, quand même leurs numéros ne seraient pas
les plus élevés sur l'état de propositions, comme les
femmes qui ne se marieraient pas resteraient en servitude,
et que les affranchissements seraient quelquefois inutile-
ment proposés faute de fonds disponibles, on sent que la
négresse devrait préférer le soldat blanc pour mari, à l'indigène même libre avec lequel son mariage et son affranchissement seraient moins assurés, nous avons déjà dit que
les femmes ne pourraient être rachetées par la caisse de
libération qu'à la suite d'un mariage civil et religieux, et
non en contractant un de ces arrangements, durables quelque fois, mais non indissolubles, dont la population des

---

(*) On trouve encore beaucoup de telles terres, impropres à la
vérité aux cultures qui produisent les denrées tropicales, sucre,
café, indigo, etc.; mais d'où l'on peut avec peu de travail tirer des
matières alimentaires, le nègre libre y vit de bananes, et se passe de
toutes autres choses, mais le blanc colonisé ayant d'autres besoins,
louerait au sucrier son travail ou celui de ses enfants mulâtres. Il y
a à la Guadeloupe des cantons qui pourraient nourrir plusieurs
milliers de familles, et où s'établit qui veut, le sol y est des plus
fertiles.

grandes villes d'Europe prend malheureusement l'habitude ,
et qui depuis longtemps font partie des mœurs de la race
noire ou métise dans les colonies.

Les soldats noirs transplantés en Europe pourraient
s'y marier à leur libération , et y multiplier cette belle
et intelligente race mêlée , dont sont sortis l'éloquent
Lainez, cet orateur au grand et noble caractère , et un
écrivain excentrique mais d'un grand talent, que je ne
nomme pas parce qu'il vit encore et que le préjugé subsiste ,
alors se fondrait par la dégradation des teintes, l'aristocratie
de la peau , alors tenir de loin et même de près à la race
africaine serait un accident de l'existence trop fréquent
pour attirer l'attention , on releverait même aux Antilles
le moral de la caste mêlée , en lui ôtant en Europe ce cachet de bâtardise et d'esclavage qui l'avilit, la corrompt ,
l'aigrit, et la rend hostile contre la prédominence de la
variété blanche.

J'avoue que je n'ai jamais compris par quel principe
étaient justifiées les précautions dispendieuses , et quelquefois immorales , employées naguères pour parquer la race
colorée dans les colonies à sucre , on interdisait en Europe
le mariage aux noirs de l'un et de l'autre sexe, croyait-on
que les choses en iraient plus mal quand quelques chevaux
seraient ferrés par des maréchaux mulâtres, quelques habits coupés par des tailleurs quarterons ?.. Ne serait-ce pas
au contraire un moyen de régénérer la race étiolée, énervée
de nos populations urbaines et manufacturières, de rendre
de la sève à ce sang lymphatique et appauvri, que d'y mê-
ler le sang encore brûlant des feux de la zône torride.

On pourrait aussi favoriser sans dépense la colonisation
des soldats qui auraient droit à leur congé ou en appro-
cheraient, étant aux Antilles... Dans ce moment le service

dans les milices locales, remplaçant pour les colons celui dans l'armée, ils ne peuvent s'engager comme remplaçants... qu'on le leur permette, c'est ce que feront beaucoup d'entr'eux, blancs ou de couleur libres, qui ne savent comment s'occuper, le travail n'y perdrait rien, ceux qui prendraient ce parti ne seraient pas des ouvriers, mais des hommes imbus de ce préjugé gothique, et en même temps nègre, que le travail flétrit, et que l'on ne doit s'y soumettre que quand on est esclave... que la permission de servir comme remplaçants (*) ne soit accordée que moyennant un droit de 200 ou 300 fr. par engagement... on pourrait affecter les fonds ainsi recueillis à fournir aux soldats d'Europe qui se coloniseraient, les objets nécessaires à un premier établissement... ces soldats rempliraient dans la population susceptible de combattre, le vide qu'y auraient laissé ces engagés, et comme aujourd'hui beaucoup de soldats appartiennent à la classe rurale (8), ces nouveaux colons pourraient avoir et donner à leurs enfants les habitudes laborieuses désirables dans leur position.

Il y aurait encore un autre moyen d'établir dans nos possessions tropicales une race d'hommes de travail, blancs d'abord, et bientôt métisés. Ce moyen pourrait coûter quelque argent, mais il débarrasserait la métropole d'une population que l'excès du malheur peut rendre bien dangereuse, je veux parler de ces ouvriers des manufactures, de ces déplorables *canuts* de Lyon, de ces malheureux tisseurs et filateurs de coton, etc., pour lesquels tous

____

(*) Ces soldats créoles seraient, pour la guerre d'Afrique, pour les garnisons de la Guyane, du Sénégal, pour la marine, bien plus facilement acclimatés que les conscrits des parties froides de la France.

les jours les perfectionnements de l'industrie fabricatrice viennent rétrécir le cercle déjà trop circonscrit où ils se pressent, s'affament et s'étouffent, en offrant au rabais un travail dont le prix ne peut plus leur fournir le strict nécessaire... et cela dans tous les pays où la civilisation industrielle est en progrès, les souffrances aigues de cette classe amèneront peut-être la conflagration d'un édifice social, que font chanceler les oscillations du sol volcanisé... Pour remédier à ces maux il faudrait reporter vers la production alimentaire une partie des forces appliquées à des productions qui ne sont que de seconde nécessité, ou même que de luxe... mais faire de ces malheureux serfs de l'industrie (9) des ouvriers ruraux, n'est pas chose possible en France (*), parce que la culture de terres usées et peu éten-

---

(*) Et c'est encore une question si cela serait longtemps désirable, la France pourrait bien en ce moment occuper avec profit, à l'agriculture, plus de bras qu'il n'y en a, mais si enfin cette classe rurale dépassait le nombre dont le sol peut utiliser le travail, nous tomberions dans une situation semblable à celle de l'Irlande, où les bras sont offerts au rabais, et où le loyer du sol est à une enchère extravagante, enfer pour les pauvres, paradis pour les riches, mais paradis au bord du gouffre.

Plus la population rurale augmentera plus l'instrument de son travail, c'est-à-dire la terre deviendra rare, et moins l'on sera exigeant sur le choix de celles à cultiver, ou tentera d'exploiter d'abord les mauvaises, puis les très-mauvaises, et les produits n'augmenteront que dans une progression très-inférieure à celle des forces appliquées à la production... Sauf toute fois les cas où de meilleures méthodes de travail seraient adoptées, où les intelligences seraient plus développées, où plus de capitaux seraient employés à la culture, où le paysan plus aisé, mieux pourvu de bétail, disposerait de plus d'engrais.

dues , comparativement aux masses à nourrir , exige trop
d'art et de travail , surtout de fatigues , pour des bras non
exercés à ce genre d'occupations et énervés par la misère,
et pour des intelligences engourdies par le travail divisé des
grands ateliers... mais pendant qu'une population exubérante
se dispute en Europe les rares aliments que produit avec peine
un sol fatigué ,et dont l'étendue sera bientôt insuffisante, la
France ne possède-t-elle pas à la Guyane et aux Antilles, des ter-
rains dédaignés , parce qu'ils ne fournissent ni sucre , ni
café , et qui pourtant donneraient avec peu de travail des
plantes alimentaires , des bananes , du manioc , du maïs ,
des patates , des pommes de terre , ou autres racines nutritives ; on y éléverait du bétail , non-seulement pour les
attelages et la nourriture des colonies , mais encore pour
les approvisionnements de la marine , ou bien encore on y
pourrait introduire des cultures utiles que n'admet pas le
climat de la France , par exemple , le *phormium tenax* , lin
de la nouvelle Zélande , destiné peut-être à remplacer avec
économie et solidité , le coton dans les vêtements des classes
peu aisées , et surtout le chanvre (*) que nous tirons de

___

(*) La continuation de la culture des plantes textiles est sur bien des
points de la France le résultat d'une erreur dans laquelle tombe la
classe rurale , faute de connaître le prix des tissus et par habitude...
Avoir du chanvre , avoir du lin , était profitable il y a 4o ans , quand
la toile de coton était un objet de luxe , mais aujourd'hui si le paysan
calculait ce qu'il dépense pour son chanvre , en sol de première
qualité , en engrais , en travail qu'il lui faut exécuter souvent quand
d'autres cultures urgentes réclameraient ses bras et ceux de sa fa-
mille , il y a bien des points où il reconnaîtrait qu'il y aurait pour
lui une grande économie à acheter de la toile de coton , même de la
toile de chanvre toute faite.

Il serait à souhaiter que l'on découvrît pour filer le coton de ma-

l'étranger pour les cordages et les voiles de la marine...
Nourri mieux et à moins de frais qu'en Europe, épargnant
tout ce que le froid oblige à dépenser en chauffage, en vêtements de laine, en loyers de chambres fermées, l'ouvrier
français transplanté fabriquerait à meilleur marché que
dans la métropole, et il pourrait supplanter l'industrie
anglaise dans l'approvisionnement de cette Amérique, qui
en cessant d'être espagnole n'a pas cessé d'être inhabile
dans les arts de production, et de ne pouvoir payer ce qu'elle
achète qu'avec les métaux extraits de ses mines, et le cuir
de ses troupeaux sauvages... En France la fabrication des
étoffes de soie est obligée de tirer de l'étranger une partie
de la matière qu'elle emploie, est-ce que dans les mornes
des Antilles, on ne pourrait pas aussi bien que dans les
Cévennes, cultiver le mûrier? La soie brute n'est pas un
article de grand encombrement, on pourrait par mer la
faire arriver en France à moins de frais qu'on ne la tire du
Piémont ou de la Lombardie... et puis le *Canut* colonisé
ne pourrait-il, après avoir donné à sa plantation de bana-
niers le quart-d'heure qu'exige cette culture, reprendre
ses anciens travaux, et préparer les velours et les damas
demandés par le luxe du Brésil ou du Mexique... Alors les
Antilles ne seraient plus des colonies, mais des départements à la fois agricoles, manufacturiers et commerciaux,
fournissant des soldats et des matelots, et ayant dans leur
population une force armée locale, suffisante pour leur

---

nière à en faire des toiles communes, un appareil essez simple pour
pouvoir ê:re employé par la femme de campagne isolée, et dans son
ménage comme elle se sert de son rouet, cela ferait rendre à la production alimentaire bien des terres grasses, des fumiers et des heures qu'absorbe celle du chanvre.

défense, population où bientôt toutes les teintes seraient confondues, et les souvenirs de Guinée effacés, et où probablement le catholicisme européen (*) et moralisateur absorberait les restes du fétichisme africain, que les nègres purs et même quelques mulâtres mêlent à des pratiques religieuses adoptées sans conséquences morales (**).

(*) Je dis le catholicisme, car les autres branches du christianisme ont pour des populations encore à demi barbares et vivant sous les tropiques, deux inconvénients, le premier est l'absence des pompes et des cérémonies extérieures, nécessaires pour agir sur ces imaginations encore un peu sauvages, le second beaucoup plus grave, c'est que, surtout dans les nombreuses subdivisions anglaises du protestantisme, tout est imprégné de reminiscences bibliques, tout remonte au vieux testament; de l'évangile il en est peu question... Cette morale de Moyse, ces exemples de Jepté, de David, etc., sont-ils bien ce qui convient pour des âmes dont il faut extraire les restes du levain africain, l'église romaine a senti que sur de tels souvenirs il fallait jeter le voile respectueux d'une langue morte, c'est le manteau de Japhet sur l'ivresse de Noé, et si l'anglican, et ses dissidents surtout, ont pensé différemment, qu'ont-ils été dans leur ferveur? Les Irlandais ont été des Cananéens, dont il fallait exterminer la race en passant les populations au fil de l'épée, en écrasant les enfants sur la pierre. Les indiens sont devenus des Égyptiens, dont on devait emporter les vases d'or, encore aujourd'hui la diplomatie anglaise négocie avec ses alliés comme Jacob avec Esaü et avec Laban, et dans la législation sur les grains, l'aristocratie territoriale paraît s'être souvenu des opérations financières de Joseph, ministre de Pharaon.

(**) Ce qui fait que souvent le mulâtre conserve les préjugés, les superstitions de la race noire, c'est qu'il est fils d'une négresse, mais une importation d'ouvriers blancs amenant leurs familles, serait suivie de mariages entre les filles de ces ouvriers et les indigènes de couleur, chez les enfants issus de ces mariages, le cachet moral africain serait bien plus effacé que chez les métis actuels· Chez l'homme comme chez les animaux, le métis tient de la mère plus que du père.

On dira sans doute que les Antilles devenues manufacturières , s'approvisionnant elles-mêmes et approvisionnant
les contrées équatoriales , enlèveront ces marchés à la production de la métropole.

Mais d'abord j'observerai que ces ouvriers, dont je propose la transplantation, seraient tirés de nos départements
manufacturiers où ils s'étouffent et s'affament, or le devoir du pouvoir est de tâcher que l'ouvrier vive de son travail sans sortir du royaume, mais qu'importe sur quel
point ? Ne vaut-il pas mieux que le *canut* vive de bananes
et de viande à la Guadeloupe, en y tissant son taffetas,
que ce qu'il meure de faim à Lyon, ou s'y fasse tuer dans
une révolte, parce que la commande manque, ou que le
prix du travail ne suffit pas pour payer la demie-ration de
pommes de terre... et puis ces débouchés qu'après sa transplantation il trouvera pour les produits de son industrie,
les aurait-il en restant dans la vieille Europe ? Cela est
douteux car alors il ne pourrait vendre à aussi bon marché
que dans sa nouvelle situation, où les objets de première
nécessité lui coûteront bien moins, ne sait-on pas qu'une
habileté supérieure ne suffit pas toujours au Lyonnais pour
soutenir la concurrence du Génois, parce que ce dernier
peut fabriquer son velours sans chauffer son atelier, et est
vêtu d'une manière moins coûteuse quoique moins misérable
que le premier, et puis si le français des Antilles fabrique pour
son propre usage, des cotonnades au lieu de les tirer à grands
frais de Rouen et de Mulhouse, si à la Guyane il établit des
rizières, ce qui en France pourra diminuer d'un atôme la consommation des céréales (ce que je ne puis regarder comme
un mal, car personne ne mourra de faim parce que le pain
sera à bon marché), ces colons plus à leur aise que dans le
système actuel, emploieront le résultat de cette économie,

occasionnée par la baisse du prix de certains objets de première nécessité, ils l'emploieront à d'autres objets qu'il faudra bien demander à la métropole, l'utilitaire fera venir des appareils de fabrication, des machines à vapeur; les gens à idées moins solides, ou les mêmes, car qui n'a pas des fantaisies, feront venir des vins de France, des modes de Paris, des meubles de luxe... et nos vignerons, nos forgerons mécaniciens, nos modistes, etc., plus occupés qu'aujourd'hui, achèteront les cotonnades de Rouen et de Mulhouse. Il est possible même que l'exportation de certains produits français à l'étranger augmente par suite de cette transplantation d'ouvriers, c'est ce que je vais essayer de faire comprendre par une supposition... Un général Mexicain a besoin de drapeaux pour faire la guerre civile, il les fait confectionner en taffetas de Lyon, il y en a pour 500 fr... Mais si les ateliers de soieries étaient à la Martinique, la même quantité d'étoffe ne lui coûterait que 300 fr., et les 200 fr. restant il les emploierait peut-être à du vin de Bordeaux ou de Champagne, ou à des broderies de Lyon, pour ses uniformes, ou à des dentelles de Normandie pour sa favorite.

L'administration ne regarde pas toujours comme un mal cette colonisation des industries de la métropole, puisque à Alger on encourage la plantation du mûrier, la fabrication de la soie, la culture des céréales, etc., on a raison; mais cependant j'observerai qu'Abdel-kader fut-il vaincu, et la domination française reconnue à 30, à 40, à 50 lieues des côtes, nos possessions d'Afrique ne seront jamais parfaitement à l'abri des brigandages des indigènes; les Bédouins obstinés fussent-ils rejettés dans les déserts... Les Antilles, la Guyane même n'ont n'y Arabes ni Kabyles, le cultivateur n'y serait pas obligé d'avoir le fusil sur la charrue.

Nos hommes de travail transplantés aux colonies y regretteraient peut-être de n'avoir du vin qu'à un haut prix, mais en Europe cette malheureuse classe manufacturière peut-elle souvent atteindre au degré d'aisance nécessaire pour boire autre chose que de l'eau? d'ailleurs cette privation serait plus que compensée par la facilité avec laquelle ils pourraient se procurer le sucre, le café, le tafia, satisfactions qui leur sont à peu près inconnues, et puis les vins communs de la France sud-ouest, le petit Bordeaux, ne sont pas très-chers aux Antilles.

Cette malheureuse race d'ouvriers des manufactures serait, plus que des paysans ou que des artisans aisés, convenable pour la colonisation intertropicale, car il est connu que les maladies qui attaquent l'européen arrivé récemment dans ces régions, sévissent principalement sur les sujets dont la santé est florissante, et le sang riche et ardent... Le *canut*, le *tisseur*, le filateur de coton, exténués par la misère, atrophiés par des travaux qui ressemblent à l'immobilité, affaiblis par le méphitisme des ateliers, supporteraient mieux la transplantation que ne le font des soldats, et surtout des personnes de la classe aisée, le transport de ces colons ne devrait pas s'effectuer par bâtiments expédiés dans ce but, et chargés uniquement de ces émigrants, comme ceux qui en portent aux États-Unis, je verrais à cela deux inconvénients : 1° les maladies résultant du mauvais air et des souffrances auxquelles sont exposées des créatures humaines entassées et *stratifiées* dans un entre-pont, il ne faut pas exercer sur les blancs les barbaries reprochées avec raison aux négriers; 2° si une grande quantité d'émigrants survenaient à la fois, on ne trouverait pas tout de suite à les occupper, à les placer, mais arrivant en détail, on pourrait s'assurer d'avance du travail pour eux en les louant à des planteurs, qui les nourriraient pour prix de leur ouvrage jusqu'à ce qu'ils aient défriché le carré de terrain vague qu'on leur abandonnerait, et qui par la suite serait leur principal moyen d'existence. D'ailleurs avant d'établir l'industrie manufacturière, il faudrait développer la production des objets alimentaires, tout cela coûterait dira-t-on? Mais les révoltes d'ouvriers, telles qu'il y en a eu à Lyon, telles qu'il y en peut encore avoir là et ailleurs, coûtent bien cher aussi, et doit-on regretter 200 ou 300 mille francs par an, employés à coloniser 200 ou 300 familles de malheureux, que la faim et les mauvais conseils peuvent encore ramener à des insurrections semblables à celles qui déjà ont ébranlé tout le système social.

Ne pourrait-on d'ailleurs transporter ces colons par des moyens économiques... Les bâtiments de guerre de l'état allant aux colonies pourraient bien prendre à chaque voyage, effectué sans transporter de troupes, quelques-uns de ces individus à coloniser, la dépense ne serait que de quelques rations de biscuit, les articles que le commerce de la métropole envoie aux Antilles sont moins volumineux que le sucre pris en retour, il y a donc du vide dans ces bâtiments, ne pourrait-on régler que celui qui exportera un ou plusieurs individus destinés à la colonisation, et choisis par des agents du gouvernement, recevra une prime de tant... payable non en argent, mais en quittances à valoir sur les droits d'entrée à payer pour la cargaison de retour.

Si par suite de ces mesures les colonies acquerraient un degré remarquable de prospérité, il est probable que beaucoup de capacités lettrées iraient y chercher une existence convenable, car le lettré est pour la civilisation utilitaire ce que la chenille est pour la végétation, qu'elle ronge et souvent arrête, ce serait un débouché pour les légistes puis pour les aspirants aux fonctions publiques, car une colonie française ne peut être exempte des infirmités qui rendent ces professions nécessaires... Or tout ce qui en France peut ouvrir un débouché à l'exportation des lettrés, doit être encouragé, comme en Angleterre l'on diplomatise, ou l'on fait la guerre pour introduire des bonnets de coton en Espagne, et de l'opium à la Chine; parmi-nous le lettré est un article dont la production dépasse la consommation, et qui restant en magasin, fermente de manière à pouvoir causer de dangereuses explosions. Que ne donne-t-on une prime, un *drawback,* à l'exportation des bacheliers comme à celle du sucre raffiné? Cette multiplication de l'espèce humaine dans les Antilles y rendrait l'émancipation des esclaves moins dangereuse, d'abord parce que les blancs, les libres actuels, plus nombreux, ne risqueraient plus autant d'être accablés par la race sauvage, ensuite le travail ne cesserait pas, en supposant que comme dans les îles anglaises; les émancipés ne veulent louer leurs bras qu'à des prix exagérés, les blancs colonisés et leurs enfants métis viendront mettre le rabais. D'ailleurs de l'augmentation de la population, il résulterait que toute terre aurait un occuppant, et que celui qui voudrait cultiver seulement pour sa subsistance, devrait acheter une parcelle du sol... Pour acheter, il faudrait gagner le prix de l'acquisition par son travail, et une fois ce premier pas fait, l'on continue à vouloir acquérir. C'est ce manque absolu de terres vagues, qui dans l'île anglaise d'Antigue a maintenu la culture, depuis l'émancipation les nègres y travaillent un jour ou deux par semaine, car sans salaire ils mourraient de faim.

Ainsi par l'introduction à forte dose de l'élément vulgaire, importé d'Europe dans la population actuellement

libre des colonies, on créerait une race à laquelle un vête-
ment serait nécessaire, qui voudrait avoir un abri et une
subsistance assurée, qui penserait à acheter une case et un
champ, peut-être à prêter quelque argent à intérêt, et
alors, ainsi qu'aux Indes orientales, les denrées tropicales
seraient produites par des bras salariés, à meilleur marché
que par le travail esclave : en présence de cette population
métise, libre et nombreuse, il deviendrait difficile aux
nègres émancipés de se livrer au brigandage, et même de
vivre de pêche et de chasse, car l'on sait que partout où les
hommes se multiplient, les autres espèces diminuent rapidement. Il est même probable que sans introduction de
colons européens, cette ressource d'attraper du poisson et
de ramasser des coquillages, ne suffira pas longtemps à la
subsistance des émancipés, si l'émancipation est générale
et simultanée pour tous ; les rivières se sont peuplées quand
ils cultivaient les cannes et vivaient de la morue que four-
nissaient les maîtres, des racines et légumes de leurs jar-
dins, du cochon, des volailles qu'ils élevaient ; mais si tous
à la fois deviennent maîtres de leurs actions, ils auront
bientôt détruit tout ce que le sol produit sans travail, et
alors Dieu sait à quels excès la faim les portera, si la classe
civilisée n'a pas les forces nécessaires au maintien de l'ordre.

L'exemple de St.-Domingue où subsistent quelques débris
du système social, fondé sur le travail, la propriété et la
subordination, l'exemple de St.-Domingue ne prouve rien,
car là au pouvoir des maîtres, a succédé celui beaucoup
plus dispotique des chefs militaires ou administratifs, qui
ont le droit d'exiger des travaux gratuits de leurs subor-
donnés, et si la propriété du général n'est pas cultivée à
son gré, le fouet officiel travaille les libres épaules des
citoyens et des défenseurs de la patrie.

La preuve que l'on ne regarde pas comme absolument impossible d'employer des travailleurs blancs dans les Antilles, c'est qu'en ce moment les propriétaires des îles anglaises cherchent à attirer des émigrants d'Europe, ce que leur métropole contrarie et empêchera, attendu que ce n'est pas seulement pour contenter les philantropes que l'Angleterre à émancipé les esclaves, mais pour concentrer aux Indes orientales la production du sucre, parce qu'apparemment on regarde les possessions asiatiques comme mieux assurées que celle d'Amérique, peut-être aussi parce que des membres influents du parlement sont actionnaires de la compagnie des Indes, et n'ont pas d'habitations à la Jamaïque (10). Il y a encore une autre cause qui s'opposera à la réussite de cette transplantation, c'est la mauvaise foi des hommes qui dirigent cette opération, on engage des allemands, des suisses, des alsaciens, on leur promet un certain prix de leur travail... quand ils sont arrivés on leur dit que ce marché n'est pas valable, et on les force à se louer pour des salaires insuffisants... Il serait à souhaiter que la législation intervînt en France, pour prévenir de telles friponneries. Reste à savoir si nos économistes philantropes ne trouveront pas plus humain de laisser l'ouvrier mourir de faim en Europe, ou de le faire tuer quand la misère l'égarera, que de l'envoyer vivre à la Guadeloupe, ou à la Martinique, en préparant du sucre qui pourrait faire tort à celui de MM. tels et tels betteravistes... Ou bien encore ces colonisés pourraient cultiver du coton qui ferait baisser le prix de celui du bacha d'Égypte (11), protégé par les esprits avancés, et puis encore si quelques milliers d'individus allaient vivre de bananes au-delà des mers, au lieu de consommer la demie-ration de pain de son, ou de pommes de terre, n'en résulterait-il pas dans le prix des céréales une baisse de cinq à dix centimes par hectolitre, malheur affreux pour beaucoup d'électeurs, soit propriétaires, soit commerçants en grains (*).

Cette colonisation (12) de prolétaires et de soldats congédiés, et la métisation, conséquence à espérer de ces mesures, cesseraient d'être possibles après une émancipation totale et non préparée de l'universalité des esclaves, car les noirs libérés en masse, ne tarderaient pas à redevenir et trop barbares et trop formidables, pour que des travailleurs blancs puissent prospérer près d'eux, ils y seraient exposés à trop de vexations, de rapines, et de mauvais traitements de la part de cette population qui, débarrassée du frein de l'esclavage, ne pourrait être soumise à celui des lois et des mœurs de la civilisation, ce n'est donc qu'avec des affranchissements individuels et successifs, et précédés par l'adoucissement immédiat de la servitude, que l'on peut espérer la conservation et le perfectionnement de l'organisation sociale dans les établissements français des Indes occidentales.

(*) Agioter sur les blés, travailler à préparer la disette est une industrie plus commune qu'on ne le croit, et à laquelle bien des gens se livrent sans que l'on ne s'en doute, et cachés derrière des courtiers. Ainsi s'exqliquent des fortunes élevées par des hommes dont cependant toutes les opérations ostensibles ont mal tourné.

CHAPITRE V.

*Quelques idées sur la traite et les mesures à prendre pour la
rendre impossible.*

J'éprouve un sentiment pénible en proposant quelques
moyens nouveaux pour faire cesser une pratique qui, si
elle eut été soumise à une surveillance éclairée, eut évité
bien des douleurs à une portion de l'espèce humaine, et
empêché bien des meurtres; mais c'est la race africaine,
encore dans son pays, dont en régularisant la traite, on
pouvait épargner le sang et les souffrances, malheureusement ce commerce continué, non-seulement augmentait
dans les colonies la supériorité numérique des noirs sur
les blancs, mais encore y renforçait dans la population
esclave ou affranchie l'élément sauvage, y faisait, par un
contact funeste, rétrograder vers la barbarie originelle les
nègres créoles qui, mis à l'abri de cette contagion, pourront, convenablement dirigés, s'approcher des mœurs
moins sanglantes et de la civilisation de l'Europe... D'ailleurs des hommes de notre variété souffrent faute de
travail, à eux donc doit appartenir la préférence pour
être mis à portée de tirer leur subsistance du sol des Antilles... Je regarde donc la suppression de la traite comme

8

une mesure dure mais nécessaire, comme serait la détermination de marins, refusant de recevoir sur leur bord des naufragés atteints de la peste, ou avec lesquels ils ne pourraient partager leur embarcation sans s'exposer eux-mêmes a couler à fonds.

Quels sont en Afrique les résultats de la suppression de la traite? La guerre y est-elle pour cela moins fréquente, moins barbare, moins dévastatrice? Non, car l'homme, et surtout l'homme près de l'état de nature, est un animal haineux, cruel, qui trouve son bonheur et met sa vanité à faire du mal à son espèce, le sauvage et quelquefois l'homme civilisé ne renoncent au meurtre, qu'autant que quelqu'autre avantage compense pour eux la privation de cette horible jouissance, ces captifs de tout âge et de tout sexe, que l'Europe n'achète plus, les plus heureux sont ceux qui sont égorgés sans être livrés à de longues tortures, on dit que des peuplades qui avaient renoncé à l'antropophagie, recommencent à manger leurs prisonniers, hommes, femmes, enfants, depuis qu'il n'y a plus moyen de les échanger contre des fusils ou de l'eau-de-vie, ceux qui leur laissent la vie les condamnent à un esclavage bien plus dur que celui que leur eut imposé un maître européen, lisez les récits des voyageurs qui ont eu le malheur de tomber au pouvoir de quelques hordes africaines, ces souffrances aigues n'ayant de terme que la mort, sont dans ces contrées l'état normal de la captivité, sous une race trop brute pour connaître la pitié, et même aux Antilles, malgré un commencement de civilisation, l'affranchi, l'homme de couleur, est le maître le plus haï et dont la domination est la plus redoutée, *puisses-tu devenir le nègre d'un nègre* est la malédiction la plus acerbe que les esclaves s'adressent entr'eux.

La traite livrée à elle-même, sans surveillance, devint de bonne heure cruelle, parce que l'inhumanité était profitable, on entassa les malheureux noirs dans les entreponts et les fonds de cale, parce que les frais du transport n'augmentaient pas en raison du nombre des importés, la traite a fini par devenir atroce, et être l'industrie d'hommes en révolte contre tous les principes de l'humanité et de la morale, d'êtres pour lesquels le meurtre et les souffrances imposées à leur espèce ne sont qu'un moyen comme un autre de gagner de l'argent, ils ont cessé de comprendre l'horreur qu'inspire le crime (*), ils jetteront à la mer le passager dont ils convoitent les dépouilles, et diront qu'il est mort de maladie; ils se feront une cargaison de celle d'un bâtiment qu'ils surprendront, et dont ils égorgeront l'équipage... Et alors ils seront des *loups de mer* admirés des amateurs de la littérature excentrique, et fort dignes de figurer dans quelque roman phantastique.

Mais ces scélérats qui, pour échapper aux lois contre la traite, jettent à la mer leur cargaison de nègres, ceux qui les entassent dans des entre-ponts, où le manque d'air les suffoque, doivent-ils porter seuls la peine de leurs crimes? L'armateur qui a fourni les fonds n'est-il pas aussi coupable qu'eux? Je voudrais donc que pour réprimer effica-

---

(*) A Nantes vous trouverez des gens ayant un beau salon, du linge fin, des mains blanches, des enfants au collége ou faisant leur droit, des gens très-fashionables, très-considérés, ayant une grande influence dans les élections, dissertant en termes qu'ils croient choisis sur la politique, s'indignant contre ceux qui ne partagent pas la vénération qu'ils conservent pour la mémoire de Carrier, ces messieurs sont ou ont été presque tous intéressés à la traite des noirs.

cement la traite et les barbaries accessoires de ce commerce, des lois intimidatrices prononçassent les peines les plus sévères contre ceux qui y participeraient, en fournissant les fonds ou les bâtiments, ou en y prenant un intérêt quelconque, ces peines seraient d'abord des amendes, mais ruineuses même pour des millionnaires, mais par centaines de milliers de francs, avec solidarité entre tous les actionnaires de telles opérations, et contrainte par corps durant plusieurs années... Ces amendes seraient au profit de la caisse des libérations, de plus des souffrances physiques analogues à celles endurées par les nègres exportés, ainsi chaque coupable pourrait être condamné à passer tant de temps dans l'entre-pont ou à fond de cale de quelque vieux bâtiment servant de prison aux bagnes (*), là l'espace accordé à chacun des détenus serait fixé par le jugement, et serait égal à celui occupé par chaque nègre embarqué pour leur compte. La nourriture serait aussi la même, et la ration égale ; des peines graves seraient annoncées aux géoliers qui accorderaient quelque adoucissement aux rigueurs ordonnées par un jugement, voilà pour le cas où le crime de traite n'aurait pas été accompagné de celui de meurtre, soit accompli, soit prémédité, car on sait qu'il arrive souvent que le négrier près d'être atteint par les croiseurs, jette sa cargaison à la mer, et en cela ne fait que suivre les intentions de l'armateur et des bailleurs de fonds... Dans

---

(*) Il y a dans les bagnes un cachot où jamais la lumière ne pénètre, et dont l'air n'est renouvelé que tout juste ce qu'il faut pour que ceux qui s'y trouvent n'étouffent pas, c'est la punition extrême infligée aux forçats, que n'ont pû dompter les bastonades réitérées, ce cachot doit ressembler à l'entre-pont d'un bâtiment négrier, et l'on pourrait y loger les armateurs de traite.

ce cas la loi pour être juste et efficace, devrait porter la peine capitale, non-seulement contre le capitaine négrier et les complices directs des meurtres, mais encore contre ceux qui l'ont soldé, c'est-à-dire l'armateur et les actionnaires, s'ils ont su que ce moyen d'échapper à la conviction devait être employé.

On dira sans doute que des spéculateurs donnant de telles instructions verbalement, ne seront pas si imprudents que d'en laisser des traces, et qu'ils diront toujours que le crime a été commis contre leurs intentions, c'est ce que l'on empêcherait en réglant que, le meurtre eut-il été consommé, grâce serait accordée à celui qui prouverait avoir agi selon l'intention de ses commettants, non que de tels ordres atténuent en rien l'horreur que doit inspirer le crime, mais parce que pour punir des scélérats, ou prévenir leurs forfaits, il faut que les uns aient intérêt à déceler les autres, il ne pourrait y avoir de confiance réciproque entre des complices qui sentiraient que l'un ne peut éviter l'échafaud qu'en y envoyant l'autre.

Enfin le moyen que je crois le meilleur pour rendre la traite impossible, ce serait d'accorder non-seulement l'impunité, mais encore une forte prime à la dénonciation, prime accordée à l'individu de l'équipage négrier, qui le premier ferait des révélations à l'autorité en rentrant en France, ou à un agent Français dans les pays étrangers, ou au commandant d'un bâtiment de guerre en mer.

En outre il faudrait que l'habitant des colonies qui achèterait des esclaves de traite, fut puni d'une amende de quatre ou cinq fois la valeur de ces esclaves, amendes qui, ainsi que toutes celles prononcées pour participation à la traite, seraient dévolues à la caisse des libérations. Toutefois il conviendrait que les tribunaux eussent la faculté de

faire grâce de tout ou de partie de ces amendes, au délin-
quant dont les dénonciations amèneraient la saisie du
bâtiment importateur, celle des nègres importés, et l'arres-
tation du capitaine négrier et de son équipage.

On a beaucoup parlé en 1842 et 43 d'un droit de visite
réclamé par l'Angleterre, sur les bâtiments de commerce
des autres nations, soupçonnés de faire la traite, droit pour
lequel l'Angleterre offre la réciprocité, je ne répéterai pas
ce qui a été dit contre cette convention, à laquelle l'Angleterre tient par des motifs autres que la philantropie, mais
j'observerai que si les croiseurs ne peuvent visiter que les
bâtiments de leur propre nation, la visite est fort facile à
éviter, il suffit de changer de pavillon selon les circonstances, d'être anglais pour les français et français pour les
anglais... Mais cette ruse serait facile à déjouer, en ordon-
nant aux navires de commerce d'avoir une marque de na-
tionalité, que l'on ne pourrait ni changer ni cacher, et
qui consisterait en une peinture bien apparente sur les
bordages extérieurs ; les bâtiments de guerre ne pourraient
visiter que ceux qu'à ce signe ils reconnaîtraient pour com-
patriotes, et ceux qui n'auraient pas une telle marque, ne
seraient plus sous la protection d'aucun état.

Toutefois il pourrait arriver que pour éviter la visite,
on cachât ce signe national sous un appareil de planches
ou de feuilles métalliques, aux couleurs d'un autre pays,
c'est pourquoi il faudrait que les croiseurs puissent eux-
mêmes faire disparaître tout signe indiquant à quelle nation ils appartiennent, et qu'ils fussent autorisés à capturer
tout navire ayant à tort la marque de leur nation, et celui
qui la portant légitimement serait trouvé muni d'appareils
destinés à la déguiser.

Un revêtement en bois ou métal laminé et peint, de 8

à 10 mètres de surface et susceptible d'être adapté sur un bordage, ne serait pas un objet aisé à cacher, et une peinture sur toile serait reconnue de loin avec les longues vues, il serait donc difficile et dangereux pour les navires de commerce d'essayer d'éviter par des déguisements la visite des bâtiments de guerre de leur propre nation, surtout si les croiseurs étaient autorisés à se déguiser ou à cacher tout signe national.

CONCLUSION.

Ceux qui liront cet Opuscule pourront remarquer qu'encore que je ne croye pas à l'opportunité d'une abolition immédiate de l'esclavage, et que je propose de faire de l'affranchissement individuel une prime accordée à l'amélioration morale, j'offre cependant des mesures propres à adoucir autant qu'il est possible le sort des non libérés, en leur accordant le droit de se faire acheter par des maîtres de leur choix, d'après un tarif légal et modéré, cette faculté placerait les esclaves dans une situation fort approchante de celles où sont en Europe les domestiques à gages.

Mais ce qui probablement ferait, avant cinq ou six ans peut-être, disparaître ou oblitérer l'esclavage sans spoliations et sans secousses, ce serait une loi qui, supprimant le droit que les sucres, cafés, etc., des colonies françaises payent à leur arrivée dans la métropole, remplacerait cette branche des revenus publics par un impôt sur les esclaves, impôt basé sur la valeur que chaque maître attribuerait aux siens, et en accordant à l'esclave le droit de se racheter lui-même, ou de se faire acheter par un autre maître de son choix, au prix de cette déclaration, si ce prix était inférieur à celui du tarif. On sent qu'une telle disposition engagerait les maîtres : 1° à traiter leur esclaves avec bienveillance, pour pouvoir les évaluer à bas prix, sans craindre de les voir passer au service d'un autre maître ; 2° à chercher les moyens de substituer à ce travail esclave, chèrement imposé, celui des machines, celui des animaux, celui des salariés, soit indigènes libres, soit européens importés ; 3° à affranchir tous ceux de leurs esclaves qu'ils espéreraient pouvoir conserver dans leurs ateliers comme travailleurs volontaires.

Mais pour qu'une telle loi puisse produire tous les résultats désirés, il faudrait que le planteur des colonies fut rassuré contre la crainte des changements que la métropole peut apporter dans sa législation, car ne peut-il pas arriver que l'affranchissement marchant plus vite que l'on ne s'y serait attendu, le droit sur la valeur des esclaves rendît peu ou rien du tout, et qu'alors on rétablit le droit sur le sucre importé, d'où résulterait la ruine de ceux qui auraient fait des sacrifices pécuniaires pour remplacer le travail esclave par le travail soldé, ou celui des machines.

Il me semble donc que la loi où seraient insérées de telles dispositions, devrait contenir un article portant que rien ne pourra y être changé avant dix ans, sans indemniser ceux auxquels ces changements porteraient préjudice.

Les ressorts que je propose d'employer pour amener le bien-être d'une portion de l'espèce humaine, jusqu'à ce jour bien malheureuse et bien dégradée, ces ressorts dis-je sont presque toujours appuyés sur les mauvaises passions, l'intérêt, l'égoïsme, la vanité, la crainte.... C'est que je vois l'homme tel qu'il est et non tel qu'il faudrait qu'il fût, d'ailleurs les hommes animés de sentiments généreux, ceux qui respectent les lois de la morale et pour lesquels le désir de faire le bien est un penchant déterminant, ces hommes vertueux n'ont pas besoin que les institutions humaines les stimulent à marcher dans cette voie. Celui donc qui hasarde des idées sur les mesures législatives à adopter doit toujours se souvenir que la société est presque entièrement composée d'êtres vicieux et corrompus, ou faibles, et considérer la vertu comme un accident heureux, mais trop rare pour devoir entrer dans aucune prévision.

NOTES.

---

(1) On croit généralement qu'en se montrant partout défenseur chevaleresque de l'émancipation des nègres, en se chargeant de la police des mers pour empêcher la traite, le gouvernement anglais a pour but d'assurer aux Indes orientales le monopole des produits tropicaux, c'est là sans doute la pensée à laquelle s'associe le vulgaire des Cockneys; mais au-delà de ces calculs de sucre, café, gérofle, canelle, muscade, etc., n'est-il pas des vues d'une plus haute portée, c'est le sceptre incontesté des mers et l'omnipotence dans les deux mondes, qui peut-être sera le prix de la philantropie, et voici comment. Les états méridionaux de l'union anglo-américaine ont leurs lois, leurs mœurs, leur existence même, fondées sur l'esclavage, c'est la sève de la plante... Dans les états du nord, au contraire, dominent les sentiments puritains et méthodistes, qui réprouvent sur ce point la législation du sud, les prédications abolitionistes tendent donc à échauffer des penchants hostiles d'autant plus vifs que la base en est, d'un côté des intérêts capitaux menacés, de l'autre des opinions religieuses, des idées politiques encore dans toute la force de leur période ascendante... Chez des peuples moins occupés d'intérêts positifs, déjà se seraient enflammés ces ferments de guerre civile, la mine chargée peut éclater d'un instant à l'autre, la croisade abolitioniste de Philadelphie peut donner la main à la *jacquerie* noire des florides, le descendant des compagnons de Penn croira faire un acte de haute piété, en fournissant des armes à des bandes semblables à celles dont Delille disait il y a 50 ans :

Les tigres sont lancés du soleil africain,
Tous les feux à la fois bouillonnent dans leur sein.

. . . .

Des enfants suspendus à la pointe des dards,
De leurs noirs bataillons forment les étendards.

Et aux lieux où fut révéré le fauteuil paternel de Jefferson , s'éle-
verait le trône moitié soldatesque, moitié sauvage d'un Christophe
ou d'un Rosas.

Mais je veux croire que les choses n'iront pas aussi loin, que la
sagacité calculatrice des américains , et cette disposition de l'âme qui
leur fait subordonner tous les autres penchants à l'attrait du profit,
s'opposeront à ce que les scènes de S^t.-Domingue et de l'Amérique
ci-devant espagnole se renouvellent chez eux, il me semble impossible que de l'aigreur produite par cette question d'esclavage il ne
résulte enfin une scission entre les deux portions du faisceau péni-
blement et peu solidement lié par Vashington , et cet évènement
arriva-t-il sans guerre, sans secousse, comme on rompt une société
de commerce, la suite inévitable en sera l'affaissement de la puissance et de la prospérité de ces états, dont la force maritime et les
lois républicaines tiennent à ce qu'il n'y est pas nécessaire d'entretenir une armée de terre, et de protéger le pouvoir civil contre des
chefs militaires, mais le congrès de Philadelphie devant toujours
se tenir en garde contre la ligue dont le président siégera à la Nou-
velle-Orléans, chacune de ces confédérations devra entretenir des
bayonnettes permanentes, des fortifications, des canons, des broderies et des uniformes. Bientôt ces forces divisées déchireront en
vingt lambeaux les deux fractions primitives, et élèveront sur le
pavois, non un Napoléon, non un Cromwell, non un César, tous les
siècles n'en produisent pas, mais des Santa-Anna, des Iturbide, des
Rosas, des Paez, des Espartero : et ce qu'on appelle aujourd'hui
les *États-Unis* deviendront quelque chose de semblable à l'Amérique ci-devant espagnole, des états faibles guerroyant et se gouvernant révolutionairement sur de petites échelles, et payant avec les
produits de leur sol des produits de l'industrie anglaise, surtout de
la poudre et des fusils, (frères cadets de nos *gisquets*), et ayant pour
marine, l'un une goëlette, l'autre un brick... de plus quelques pi-

ratés que les anglais pendront quand ils s'émanciperont avec le pavillon britannique, et qu'ils ne pourront atteindre s'ils ne nuisent qu'au commerce des autres nations.

Anéantir l'œuvre de Vashington est un but qui mérite que l'on n'épargne rien, et auquel on parviendra avec de l'argent et de la philantropie.

(2) Ce n'est pas seulement l'opinion des sots, c'est-à-dire celle du grand nombre qui s'égare, applaudit à des mesures funestes et en blâme d'utiles... Des hommes sages, méditatifs, éclairés, bien intentionnés, des hommes de génie même sont tombés dans de graves erreurs dont l'expérience même ne les a pas toujours désabusés, parce qu'en économie politique la liaison entre les effets et les causes est quelquefois imperceptible. On peut voir le bien-être général dans ce qui n'est l'avantage de quelques uns, qu'en préparant des souffrances pour un plus grand nombre... Il peut arriver par exemple qu'un système agronomique *enrichisse* la nation où ce système est fréquemment suivi, et cependant ait pour ce pays des suites funestes et peut-être terribles... Ceci a l'air d'un paradoxe à la Jean-Jacques, ou d'une rêverie ascétique... Pour me faire comprendre, je dois d'abord expliquer ce que j'entends par la richesse d'un pays, c'est la somme des satisfactions que la production du sol, combinée avec celle de l'industrie de ce pays, procure à ses habitants... Mais il peut se faire qu'en même temps que la masse de ces satisfactions s'accroît, la répartition en devient plus inégale... Rendons cette assertion claire par un exemple. X et Y sont deux bourgs peuplés en partie par des cultivateurs, en partie par des ouvriers industriels... Le territoire de X et le travail de ses habitants rapportent annuellement 200,000 f. Celui de Y produit pour 250,000 fr.; mais dans X, le sol est possédé par de petits propriétaires, qui mangent à leur appétit du pain bis de froment, des pommes de terre au lard, parfois de la viande, boivent du vin de leurs vignes, à 10 francs l'hectolitre, sont vêtus et logés de manière à être à l'abri du froid, et ne s'endettent que pour acheter du bien, les ouvriers industriels sont dans des conditions analogues, ils vendent bien leur travail, parce que le prix n'en est pas dépensé d'avance et qu'il y a concurrence d'acheteurs.

Dans le village Y, le sol appartient presque entièrement à M. Z..., ou est grevé de dettes envers lui, les ouvriers sont ses débiteurs, et comme d'ailleurs sa manufacture est la seule à plusieurs lieues à la ronde, ou bien parce qu'il s'entend avec les autres entrepreneurs d'industrie du canton, il fixe leurs salaires comme il lui convient, toute cette population vit de pain de sarrazin à demie-ration, boit de l'eau quand il y en a, et respire à discrétion les gaz émanés des marais, conservés dans l'intérêt de M. Z... (comme à Saint-Mitre)... Inventoriez le mobilier des habitants de X, supputez leurs dépenses, évaluez aussi les velours, les glaces, les bronzes, les équipages, l'argenterie, les diamants de M. Z..., calculez le prix des vins fins, des truffes, du gibier consommé dans sa maison, et vous trouverez que la richesse de Y, surpasse de beaucoup celle de X... Cependant un pouvoir gouvernant doit-il tendre à placer beaucoup de localités dans les condition où se trouve Y... plutôt que dans celles où est X..? Oui diront sans doute les gens qui mangent chez M. Z..., et ceux qui comptent sur sa boule pour devenir ministres ou directeurs généraux, car M. Z... est ou deviendra député.

Autre exemple de prospérité apparente amenant la misère réelle, l'Angleterre a depuis 60 ou 80 ans adopté des systèmes de culture qui augmentent beaucoup la somme des richesses nationales et les satisfactions des classes aisées, mais en rendant plus aigues les souffrances des hommes de travail vulgaire, c'est le résultat de la grande culture alterne, où le pâturage et les racines que consomment le bétail, souvent remplacent ce qui nourrit l'homme. Dans ce système praticable seulement sur des propriétés étendues, le produit brut a une valeur inférieure à celle qu'aurait ce même produit brut dans le même espace, traité selon l'ancien système, et surtout en *petites cultures*. Mais dans la méthode anglaise, le *produit net*, c'est-à-dire ce qui reste tous frais payés, est bien augmenté, c'est-à-dire que le possesseur du sol a davantage, parce qu'il paye moins d'ouvriers... c'est cette culture que certains disciples de Fourrier se proposent d'adopter là où leur système sera mis en pratique.

Or, voici ce qui est arrivé en Angleterre, la portion de la population rurale devenue inutile, a offert ses bras au rabais à l'industrie manufacturière, qui par suite a fabriqué à des prix auxquels ne pouvaient descendre les industries rivales; la richesse de la nation anglaise est devenue immense, car ces produits dont elle approvisionne le monde entier, valent 100 fois, peut-être 200 fois la somme dont a été diminué le produit brut de son agriculture, l'ouvrier dont le travail, quand il était paysan, valait un schelling et demi, prépare aujourd'hui de la colonnade, du plaqué, de la coutellerie, etc., peut-être pour 20 schellings... Mais de ces 20 schellings il n'en a qu'une bien faible partie, car ses bras, nous l'avons dit, sont à un rabais stimulé par la concurrence de ses pareils, et par celle des machines... En même temps que les salaires s'abaissaient, les dépenses de première nécessité s'élevaient pour l'homme vulgaire, car la production du sol étant diminuée, le prix des subsistances a haussé, et encore que les produits de l'industrie anglaise soient vendus partout, les retours ne peuvent guères consister en matières alimentaires à bon marché, quand même la législation anglaise sur les grains (corn-law) ne s'y opposerait pas, ces matières, la pomme de terre surtout, sont relativement à leur valeur, d'un transport trop coûteux pour que l'importation en soit fréquente.

Mais si il est résulté de tout cela que l'ouvrier anglais meurt de faim, parce que son travail est mal payé ou est refusé, en compensation les classes supérieures ou moyennes se procurent souvent à bas prix tous les *comforts* imaginables, indigènes et importés, ou va consommer sur place ceux étrangers. Si *Paddy* envie les *délices* de *John bull*, parce que *John bull* couche sur la paille, est abrité dans une cave, et mange une pomme de terre chaque jour, ce à quoi *Paddy* ne peut atteindre, les jouissances du luxe, du bien-être le plus recherché, sont entassées non-seulement chez les sommités sociales et pécuniaires, mais encore chez tout ce qui vend ou dirige le travail... du lord, du marchand, du *Nabab*, du prélat au *Cokney*, et au conducteur d'ateliers.

Ainsi additionnez le prix des diverses satisfactions dont jouit la nation anglaise, divisez cette somme par le nombre d'individus dont est composée cette nation, et vous trouverez pour chacun une part moyenne supérieure à ce qu'un semblable calcul indiquerait partout ailleurs. Et cependant mesurez l'intensité des souffrances, vous trouverez que le *raïa* en Turquie, le *fellah* en Égypte, le *serf* en Russie, le *lazzaroni* à Naples, mènent une vie de sibarites, comparée à celle du paysan irlandais et de quelques millions d'ouvriers de l'opulente Angleterre.

Et les institutions, les usages, les directions qui peuvent conduire à un état semblable à celui où se trouve l'Angleterre, seront accueillis favorablement partout où l'*opinion publique* sera consultée, parce que ce sont les gens qui font cette opinion qui obtiendraient ou espéreraient obtenir ce bien-être auquel quelques-uns arrivent par les souffrances du grand nombre, c'est que, comme l'a dit un philosophe espagnol, *mal d'autrui n'est que songe.*

(3) Il y a quelques années qu'un écrivain de l'école St.-Simonienne, compromis depuis dans un procès criminel, je crois dans celui de Meunier ou d'Alibaud, un adepte des doctrines babouvistes et communistes, avouait ingénument que ce qu'il espérait de la betterave, c'était *la destruction des colonies.* Un illustre défenseur de la betterave, a écrit que l'on devrait abandonner les colonies pour épargner tout ce que coûte la marine; c'est comme si l'on proposait de détruire les casernes pour épargner tout ce que coûtent les troupes qui les occupent... Ces économistes oublient qu'un état limité par la mer sur la moitié de son périmètre, s'il n'a pas de marine, est dans la situation d'une armée sans cavalerie, au milieu d'une plaine (*). Le grand argument des anti-colonistes, c'est que ce sont des possessions précaires, que nous perdrons dès qu'elles seront attaquées, et avec lesquelles une déclaration de guerre maritime interromprait toutes communications. Mais on oublie que nous ne sommes plus en 1813, que notre marine a un personnel et un matériel plusformidables qu'en 92, que bien des années s'é-

---

(*) Au temps des invasions des pirates scandinaves, les descendants de Charlemagne n'avaient pas de marine, les flottes ennemies portaient des troupes de débarquement, qui successivement ravageaient toutes les portions du littoral et même pénétraient très-avant dans les terres, 10,000 hommes et 100 bouches à feu embarquées feraient, pour la défense de nos côtes, autant que des forces décuples et trois fois décuples réparties de Boulogne à Bayonne.

coulèrent entre cette époque et ces derniers temps de l'empire, où en effet la mer fut fermée à notre pavillon, qui sous la république et le consulat luttait encore quelquefois avec succès, malgré des circonstances très-défavorables, et succombait avec gloire sur le Tonnant, le Vengeur, le Lorient, on oublie que pendant la guerre d'Amérique, les succès avaient été pour le moins balancés, on oublie qu'il existe une marine américaine déjà bien formidable, et une marine russe, qui toutes deux étaient au berceau lorsqu'éclata la guerre de 23 ans, une marine autrichienne et une marine sarde, qui étaient en léthargie sous les pavillons décolorés de St.-Marc et de Gênes... En cas de guerre maritime, plusieurs de ces puissances, toutes peut-être, se ligueraient contre les *autocrates* de l'Océan... Ces Antilles que l'on affecte de regarder comme le déjeuner d'un commodore, ces Antilles non-seulement résistèrent, mais furent agressives et redoutables dans la guerre de l'indépendance des États-Unis, et ne succombèrent que bien tard dans celle de 23 ans, la Guadeloupe ne tomba au pouvoir des Anglais qu'en 1810... Si il faut détruire l'industrie, et même l'agriculture d'une contrée, parce que les chances d'une guerre malheureuse peuvent y amener l'ennemi, transportez donc au-delà de la Loire tout le commerce de Paris, car deux fois en 15 mois les Russes ont bivaqué sur ses places, surtout ne comptez pas trop sur les sucreries de la Flandre et de la Picardie, car en 1815 ces provinces étaient envahies moins de 15 jours après le premier coup de canon tiré.

(4) Dans un ouvrage couronné par une société savante on a lu, il y a déjà quelques années, une attaque contre la propriété territoriale telle qu'elle existe en France, et l'on comptait au nombre des mauvaises conséquences du respect que l'on accorde aux droits que s'attribuent les possesseurs du sol, qu'il en résultait une difficulté pour l'abolition de l'esclavage, et que parce que l'on s'imaginait ne pouvoir ôter un champ à celui qui s'en dit propriétaire, on respectait de même les prétentions du maître sur l'esclave... Les propriétaires d'Europe doivent comprendre que le raisonnement sera facile à retourner, et l'émancipation sans indemnité pour les maîtres sera le premier pas, mais le plus difficile à faire dans une route par où l'on arrivera bientôt à l'accomplissement des théories d'Owen, qui

veut que tout soit commun à tous, même les femmes, que nul ne puisse être puni quelles que soient ses actions, que toute religion, toute morale soient supprimées, afin que l'homme n'agisse plus qu'en vue de son bien-être matériel... Je voudrais bien savoir ce qui m'arriverait si trouvant mon bien-être matériel à manger le dîner et à vider la cave de M. Owen, je le dépêchais pour l'autre monde, lui et ceux qui voudraient s'y opposer.

(5) On remarquera peut-être que les arrangements que je propose partent de l'hypothèse que le sucre de cannes est grevé d'un droit beaucoup plus élevé que celui de betteraves, on en conclura que cet opuscule étant terminé avant la session de 1842-43, je n'ai pas voulu *recommencer mon siége*... On se tromperait, j'écris en août 1843, j'imprime en août 1844 ; mais ce sont précisément les débats dont la loi des sucres a été l'occasion, qui m'ont prouvé que le privilège accordé aux betteraves était une conséquence d'un ordre de choses où le pouvoir est influencé par *l'opinion publique*, la loi assigne une époque où les deux sucres seront soumis à des taxes à peu près égales, mais où la loi sera retouchée, ou la mise à exécution en sera indifiniment ajournée ou éludée, et voici pourquoi.

Pour quiconque a suivi attentivement les discusions parlementaires et les débats de la presse, il est évident que les betteraves, si l'on maintient le *statuquo*, tueront les colonies, la marine et le commerce extérieur de la France. M. Dupin a de plus prouvé qu'en cas de guerre maritime, si la France avait besoin de sucre venu d'outre-mer, il y aurait des neutres qui voudraient lui en apporter, et prendre de ses produits en retour, et que si l'Angleterre s'y opposait, ces neutres se révolteraient contre le blocus et deviendraient nos auxiliaires, mais que si grâce aux betteraves, nous pouvons nous passer d'eux, le blocus ne les gênant pas, ils ne s'en inquièteront nullement... De tels résultats sont désirables, non-seulement pour l'Angleterre, mais encore pour toute puissance aspirant à la prépondérance, ainsi roubles et guinées seront prodigués aux journalistes pamphlétaires, brochuriers, fabricants et marchands d'opinion publique, en gros et en détail, et à juste prix, pour les engager à défendre la cause de cette belle, nationale et impériale industrie...
Il y a une puissance *talismanique* dans ces mots: *Pensée Napoléoniène*...

On est en France comme au Thibet... du grand Lama l'on révéra
tout.

Il y a des gens qui sans avoir de betteraves, y tiennent par des
motifs plus solides que les souvenirs impériaux, on croit que cette
culture occupant les meilleures terres et absorbant de grandes
masses d'engrais, diminue la production des plantes alimentaires et
augmente le loyer du sol, par conséquent le prix des céréales, c'est
une manière d'augmenter la misère de l'homme de travail, et d'en-
richir le propriétaire, voilà ce qui intéresse l'opinion électorale à
la conservation de cette industrie *philantropique*, qui à ce que l'on
croit empêche le blé de jamais être à bon marché, et accroît les
chances de disette, circonstances heureuses pour bien des gens.

Mais celui qui a le plus vigoureusement établi l'indestructibilité
du *betteravisme*, c'est M. le baron Charles Dupin, quand dans son
appel au bon sens, il a prouvé que cette industrie en 1842, avait
déjà coûté 157 millions au trésor public, les calculs de l'illustre
savant sont incomplets, en ce qu'il n'a pû y faire entrer ce que les
betteravistes ont gagné par la fraude, mais n'y eut-il comme il le
dit, que 157 millions, c'est bien assez pour mériter à cette fabrication la bienveillance de *l'opinion générale*, opinion qui toujours doit
protéger ce qui est très-profitable à quelques-uns, et est payé par
tous, car ce petit nombre qui gagne à un abus en sentant tous les
avantages, parle, agit, écrit, fait parler, agir et écrire, pour le
défendre... et le public ne s'aperçoit pas d'un fardeau disséminé
sur tous, dont d'ailleurs l'origine est dissimulée, le contribuable
se doute t-il que dans ses contributions il y a cinq ou six centimes
par franc, qui ne seraient pas nécessaires si le sucre de betteraves
payait autant que celui des Antilles, il n'y fait pas attention parce
que son voisin supporte cette taxe comme lui.

Cette immunité accordée à une partie du sucre consommé en
France, plaît à la portion de la population qui a la plus grande part
à la confection de cette mauvaise drogue appelée *opinion publique*,
ce sont les habitués de café, qui en prenant leur demie-tasse, s'ima-
ginent qu'elle coûterait cinq centimes de plus si les betteraves n'é-
taient pas favorisées, et certes il est bien juste que l'état subventionne
les satisfactions de l'homme éminemment utile, qui lit un journal,

et dit son avis sur la marche du pouvoir, entre le billard et le domino, et que pour cela ou mette quelques millions de plus sur l'impôt personnel, payé par le rustre, ou sur le vin qu'avale ce butor en revenant de travailler à la terre, ou sur le sel dont il assaisonne ses pommes de terre... Malheureusement il y a encore ici une illusion, et la chute des sucreries européennes n'augmenterait pas le prix du sucre, parce que, débarrassés de cette concurrence, les producteurs d'outre-mer se livreraient entr'eux à une rivalité, qui ferait descendre leurs produits aux prix de revient les plus bas, et même au-dessous, le sucre serait toujours offert à un rabais que stimulerait encore l'accroissement de production résultant des espérances que ferait naître une législation moins partiale contre les colonies, espérances (*), dont les premiers effets seraient l'extension dans les cultures, et l'adoption de perfectionnement dans la fabrication, arrivant par importation d'appareils, de capitaux, et de sujets appliquant à l'exploitation de la canne la capacité et l'expérience acquise dans celle de la betterave...

Doit-on croire que les sympathies générales seraient accordées à des mesures, dont tout ce qui mange du pain tirerait avantage, mais sans peut-être s'en douter, quand ces mêmes mesures exciteraient les clameurs de 150 ou 200 personnes, privées par là de 15 à 20 millions qu'elles sont accoutumées à se partager (*) tous les ans

---

(*) Quand la paix de 1814 rouvrit, aux produits des vignes de France, le débouché de l'exportation par mer, on dût croire que les vins et les alcohols allaient avoir un grand prix, et c'est je crois ce qui arriva pendant quelques mois... et chacun se mit à planter des vignes, et au bout de trois ou quatre ans, les vins et les eaux-de-vie, même les plus *exportables*, retombèrent à des cours inférieurs à ceux de 1812.

(*) Il n'est fils de bonne mère tant soit peu agronome ou agronomomane, qui ne dise que l'on ne doit pas regretter 15 ou 20 millions donnés en encouragement à l'agriculture ; mais 150 ou 200 betteraviers sont-ils l'agriculture... Pour profiter sur la fabrication du sucre indigène, il faut avoir à sa disposition les terres extrêmement riches

aux dépens du budget... Non certes, car alors on pourrait douter d'une des vérités les mieux établies par l'expérience, qui est que *l'opinion de la majorité est celle des sots, dirigés par quelques habiles,* desquels l'intérêt est qu'il y ait des abus, dont eux habiles profitent.

On dira peut-être que l'ordre de choses tombé en 1789, quoique excessivement abusif au profit de quelques-uns, était éminemment impopulaire, mais c'est que ce régime avait eu la sottise de réserver une très-grande part dans l'exploitation des abus, à ceux qui pouvaient satisfaire à certaines conditions trop positives pour laisser place aux espérances du grand nombre, et que ces conditions n'étaient pas une garantie d'adresse chez ceux qui y satisfaisaient; si pour obtenir une pension sans services réels, un emploi éminent sans capacité, tout intriguant avait eu autant de chances que ceux qui étaient *présentés* à la cour, tout intriguant conservant des espérances, eût trouvé que tout était pour le mieux dans le meilleur des royaumes possibles... Mais c'était le salon de l'œil-de-bœuf, par où il fallait passer pour arriver au festin, salon dont les généalogistes tenaient la clef, qui était une cause perpétuelle d'irritation, bien plus que les dilapidations résultant d'une mauvaise administration, et des mystères des petits appartements... Car enfin sans la permission de M. Chérin, on pouvait aspirer à devenir riche comme M. Bourette, à avoir du crédit comme M. Lebel (intendant du parc au cerf), toute fille jolie ou se croyant telle, pouvait rêver un avenir calqué sur celui de Jeanne Poisson, marquise de Pompadour, et de

---

de la Flandre, de la Picardie, et de quelques autres rares localités, partout ailleurs cette spéculation serait ruineuse, les produits en fussent-ils exempts de taxes, parce que les sucreries flamandes abaisseraient toujours leurs prix à des chiffres auxquels d'autres ne pourraient descendre. Croit-on encourager une profession quelconque en accordant des faveurs à quelques individus de cette profession, placés dans des positions auxquelles ni le talent, ni le travail, ne peuvent faire arriver... C'est comme si l'on croyait beaucoup favoriser l'armée en accordant une forte solde à tout tambour major ayant une taille de six pieds.

Manon je ne sais quoi, comtesse du Barry, mais ces destinées étaient de trop rares exceptions, pour que l'on pût raisonnablement y aspirer. Ah! si les Bourrette, les Lebel, les favorites, avaient été cent fois plus nombreux, et cent fois plus dispendieux qu'ils ne l'étaient, si comme à la Chine, et comme en Turquie, et ailleurs, exploiter les abus eut été une loterie à nombreux lots gagnants, ouverte à qui pouvait y mettre de l'intrigue, la vieille monarchie subsisterait avec son abondante rosée de prodigalités, et toutes les conséquences du bon plaisir... Mais pour prendre part à ce jeu, où presque tous les *pontes* gagnaient, il fallait des parchémins, et un jour ceux qui n'en avaient pas envahîrent le tripot, et renversèrent les tables, puis bientôt ils les relevèrent, et recommencèrent la partie, qui dure encore et durera longtemps entre de nouveaux joueurs et quelques-uns des anciens.

Mais où est le champ de betteraves dont je suis parti, et où m'a mené l'examen des moyens par où le pouvoir arrive à la popularité et satisfait l'opinion publique?

(6) Il y aurait pour le français des Antilles, une économie de 30, de 40, quelquefois de 50 pour 100, à recevoir les céréales des États-Unis, plutôt que de la métropole, dont cependant le monopole est justifié par cette considération, que le pain de froment est un objet de luxe, réservé à la richesse, au moins à la médiocreté aisée, les nègres se nourrissent de plantes indigènes, ainsi ce privilège qui profite en France aux possesseurs du sol, ne pèse au-delà des mers que sur la classe supérieure ou moyenne.

Examinons quels seraient les résultats d'une législation différente qui permettrait de tirer des grains et des farines d'où l'on voudrait : 1º le colon des Antilles, dépensant moins pour son pain, pourrait sans souffrir autant qu'aujourd'hui, vendre son sucre et ses autres produits à bon marché, à la métropole... Ou bien cet argent qu'il aurait épargné sur la farine, il le dépenserait; s'il était économe accumulateur il achèterait des appareils de fabrication perfectionnés, des machines à vapeur, des chaudières, objets que fournirait la France... L'homme moins rangé au lieu de dépenses reproductives, se passerait des fantaisies, des vins de Bordeaux, ou de Champagne, des meubles ou des modes de Paris, des soieries de Lyon.

des tissus de Rouen ou de Mulhouse, tous articles pour lesquels dans la métropole il y a pléthore... Et la vie des blancs devenant moins chère aux Antilles, une foule de capacités savantes ou industrielles y seraient attirées ou appelées, ce serait un débouché pour des ingénieurs, des chimistes, des mécaniciens, des médecins, des pharmaciens, des teneurs de livres, etc., je crois l'avoir déjà dit ailleurs, de tous les produits de la métropole, celui pour lequel l'excès de la production sur la consommation présente le plus de danger et cause le plus de souffrances, c'est le *lettré*... Mais il n'en est pas de même pour les grains dont l'exportation peut diminuer, sans que les sacs de blé forment des complots et excitent des émeutes, l'encombrement des matières alimentaires ne condamnera pas l'ouvrier appliqué à la production à se croiser les bras et à mourir de faim... bien loin de là, les céréales sont souvent trop rares, et l'on ne prévient la famine que par la ressource ruineuse des importations, la baisse dans le prix des grains même n'est réellement nuisible aux agriculteurs et aux possesseurs du sol, que quand cette baisse est le résultat d'une importation, continuée malgré l'abondance de la production indigène, ce qui peut être profitable pour les importateurs, quand ils tirent leurs grains d'un pays où l'argent est rare... Mais que le blé et toutes ses succédanées, tombe de 20 à 30 pour 100, parce que la terre a été bien cultivée et la saison favorable, le prix de la main-d'œuvre diminue à peu près dans la même proportion, et le riche quoique disposant de moins d'écus, peut se procurer à peu près la même masse de satisfactions, en sorte qu'il n'y a réellement changement de situation que pour les possesseurs de capitaux ou de rentes fixes, la position du débiteur devient un peu plus mauvaise, celle du créancier meilleure; comme c'est le contraire qui arrive en cas d'élévation générale des prix, provenant de l'existence d'un papier monnaie ou d'une monnaie altérée, ou d'une grande importation de métaux monétaires. Il faut ajouter que quand la baisse du prix des céréales résulte d'abondante production, les classes ouvrières ayant plus d'aisance, dépensent davantage pour leur bien-être ou leurs fantaisies, le tout au profit de l'industrie vinicole, et de la fabrication des objets communs ou demi-fins, vêtements, meubles, logements vulgaires, etc.

Dans l'intérêt de la marine et de la production manufacturière nationale, on pourrait régler que les grains d'origine étrangère ne seraient importés aux colonies que par navires français, il résulterait de là, que les ports de la métropole pourraient diriger leurs envois de produits indigènes, d'abord sur les contrées transatlantiques, où ces cargaisons seraient échangées contre les grains ou farines destinés à nos Antilles, ou bien les navires français déchargés à la Guadeloupe et à la Martinique, iraient de là] prendre en céréales l'approvisionnement de ces îles, dans ceux des ports du nouveau continent, où ces articles se trouveraient à des prix convenables... Mais dira-t-on avec quoi paierait-on ces subsistances?.. Il me semble qu'il n'y aurait pas d'inconvénients à permettre pour ce cas, l'exportation directe des sucres, sans passer par la métropole, car de deux choses l'une, ou la sucrerie dite indigène subsistera, et alors on devra se trouver très-heureux de placer à Philadelphie ou à New-Yorok, quelques centaines de barriques de sucre de nos Antilles, puisque les deux fabrications rivales périssent étouffées par l'excès de la production, ou bien les betteraves étant rendues à la consommation opérée par le bétail, qui les transforme en viande, en beurre, en engrais, produisant du blé et des pommes de terre, la canne devant fournir seule les matières saccharines, si la production de nos colonies est insuffisante, on aura recours à l'importation havanaise ou brésilienne, au profit d'abord du fisc, prélevant sur ces matières exotiques, un droit plus élevé que celui sur leurs similaires nationales, et cette importation serait balancée par des exportations de vins, de soieries, d'objets de luxe dont il y a surabondance, et pour lesquels le manque de débouché cause la détresse de l'ouvrier, la ruine de l'entrepreneur d'industrie, et même le malaise de certains possesseurs du sol.

Il me semble que les articles les moins indispensables au bien-être des masses, sont ceux dont l'exportation doit être préférée, il faut en outre remarquer que la production de ces objets, qui sont le résultat du travail de l'homme ou des machines, que cette production dis-je, est bien plus susceptible d'extension que celle des subsistances alimentaires, tirées du sol, car avec de la vapeur et le génie de la mécanique, on aura tant que l'on voudra, des tissus de soie ou de coton, des articles de luxe ou de fantaisie, et y en eut-il pénurie par suite d'une exportation excessive, personne n'en souffrirait vivement; mais la production des matières panaires est limitée, comme le sol, la disette, la famine même sont possibles, un *oukase* ou seulement un *firman*, peuvent fermer le chemin d'Odessa, laissez donc vos établissements d'outre-mer vivre de riz de la Caroline, payé avec du vin de Bordeaux et des taffetas de Lyon, et que les blés du bassin de la Garonne viennent remplacer ceux de l'Ukraine, dans les boulangeries de la Provence et du bas Languedoc.

Est-il bien prudent aux possesseurs du sol de favoriser toute mesure ayant pour but de faire hausser le prix des céréales? Ce qui est augmenter leur part, c'est-à-dire le loyer de la terre? Il ne faut quelquefois qu'un mot laché par la sottise, l'imprudence ou la méchanceté, pour faire franchir aux masses brutes et féroces, l'intervalle qui s'étend entre la faim... ou la soif... et le crime... Messieurs les propriétaires croyez-en le conseil de l'un d'entre vous, qui a vu 89 et 93, et qui a lu l'histoire de plusieurs *jaqueries*, ne soyons pas trop exigeants, ne cherchons pas à faire chez nous quelque chose qui ressemble à l'Irlande, quand le froment ne vaudra pas plus de 15 à 16 francs l'hectolitre, quand la viande de boucherie se vendra 70 ou 80 cent. le kilogramme, quand vous louerez vos champs 36 à 40 francs l'hectare, nous serons bien plus assurés de dépenser nous-mêmes nos revenus, de ne pas en être spoliés par la violence, que nous ne le serons dans des conditions qui vous paraissent prospères, parce que vous avez quelques écus de plus.

Il faut encore observer qu'en adoucissant ce qu'il y a de plus dur dans le monopole que la France d'Europe s'est réservé sur ses établissements transatlantiques, on pourrait diminuer peut-être de beaucoup les garnisons entretenues en temps de paix dans ces colonies, garnisons qui ne sont pas comme le disent les betteravomanes, destinées à assurer le maintien de l'esclavage, car dans la partie des États-Unis anglo-américains, où il y a des esclaves, on se passe fort bien de troupes de ligne, quoique les libres y soient dans une proportion plus faible que dans nos Antilles, et que le génie dur, calculateur, égoïste, sans pitié, sans moralité, du *yankée*, qui est l'anglais le plus éminemment anglais, doive y rendre l'esclavage plus dur que dans les établissemens français.

(7) Je sais qu'un préjugé respectable dans son origine, s'effraye à l'idée d'admettre des étrangers à l'honneur de servir la France… fort bien si cet honneur était tellement recherché, que des français y aspirassent en vain… Mais il me semble que toujours est soldat qui veut, et bien souvent qui ne voudrait pas, ainsi l'admission de soldats noirs ne priverait personne d'une position désirée.

L'on regarde comme un événement glorieux et avantageux pour une nation, la réunion d'un territoire, dont quelquefois bien malgré eux, les habitants deviennent citoyens, ou sujets de l'état conquérant; ne peut-on parvenir aussi à un accroissement de forces, en s'aglomérant d'un côté les hommes, et de l'autre l'espace vide? Ne peut-on coloniser des français en Algérie, et augmenter la population guerrière de la France, en naturalisant des africains, ou des descendants d'africains, dont la *francisation* sera plus définitive que celle de ces peuples, que des victoires changent en ennemis secrets, d'ennemis déclarés qu'ils étaient.

Si pour servir un pays il fallait absolument en être né citoyen, il faudrait remplacer par des conscrits les chevaux qui trainent l'artillerie, il faudrait dans la marine remplacer les voiles et la vapeur par des rames… Les nègres dont je propose l'admission dans nos troupes, seraient si l'on veut des machines à coup de fusil, machines ne se détraquant guères sous le climat de l'Afrique. Sous l'empire, il y avait plusieurs régiments composés, au moins quant aux soldats, de déserteurs étrangers, il y en avait un de noirs pris à St-Domingue… leurs balles portaient aussi juste, leurs bayonnettes s'avançaient aussi près de l'ennemi que celles des enfants de Paris… et dans ce moment l'armée d'Afrique ne s'en trouverait pas mieux, si une bouffée de vanité nationale faisait réformer les zouaves et les spahis.

Les romains dont les légions, avant Marius, étaient comme nos gardes nationales, composées seulement de citoyens possédant au moins une certaine fortune, un *cense*, les romains au temps où leurs institutions avaient encore toute leur vigueur, lors de la 2e guerre punique, les romains avaient des soldats étrangers, des frondeurs baléares, des cavaliers numides, et ils incorporèrent dans leurs légions plusieurs milliers d'esclaves, que le fisc paya à leurs maitres à un prix plus élevé que celui auquel Annibal offrait de rendre les citoyens romains pris à Cannes, et que par une politique dure mais habile, le sénat laissa esclaves des Carthaginois, ou de ceux à qui ils les vendirent.

(8) Je ne sais cependant si au point de vue de l'intérêt de la métropole, et même de celui des colonies, il ne serait pas préférable que les soldats qu'on y envoie, surtout si on les décide à s'y établir appartinssent à la population urbaine et industrielle, plutôt qu'à la classe rurale... Il faut considérer qu'en France, la misère résulte souvent de ce que le prix du travail industriel est trop bas pour fournir le bien-être du travailleur, quelquefois même ce prix est au-dessous du nécessaire, ce qui vient de ce que la force productive est plus efficacement appliquée à la fabrication des articles de luxe qu'à celle des objets de première nécessité, et notamment des matières alimentaires que produit l'agriculture, c'est-à-dire que la population manufacturière trop nombreuse, met ses bras au rabais, et que l'insuffisance dans le nombre des bras ruraux, la rareté des capitaux et des intelligences appliquées à la culture, diminuant la masse de ses résultats, le nécessaire devient de plus en plus cher, c'est l'effet inévitable de la transformation du paysan en industriel, soit que des hommes de charrue se fassent fileurs de coton, tisseurs de velours, etc., soit que des fermiers riches deviennent marchands ou fabricants, il doit en arriver que les articles alimentaires haussent de prix par diminution de production, et que la concurrence fait baisser le salaire de l'ouvrier industriel, en même temps que ses dépenses de nourriture s'élèvent, d'où misères poignantes... mais qu'au contraire ce soient ces articles alimentaires dont le prix diminue, parce que la production s'accroît, les masses n'en souffriront pas, les besoins diminuant en même temps que les rétributions.

Pour combattre cette tendance de l'homme rural à devenir urbain et industriel, producteur d'objets qui ne sont pas de première nécessité, le pouvoir devrait chercher à faire tomber surtout sur cette dernière classe, le fardeau de la conscription, et destiner de préférence les soldats qui en sortent aux garnisons d'outre-mer, ce serait un moyen de transformer le *canut*, le filateur de coton, le citadin, en producteurs d'aliments, ce qui est impossible en Europe, mais cela arriverait aux Antilles, parce que ces soldats colonisés auraient encore assez de force pour cultiver le bananier, et les autres plantes nutritives de ces contrées.

On dira, et cela est vrai, que cette lie de la populace urbaine, et la race manufacturière, fourniront des soldats moins beaux, et moins forts que ceux d'origine rurale... mais qu'importe la beauté des troupes ? la balle d'un grenadier arrive-t-elle plus loin que celle d'un homme mal bâti et petit, la force même est peu usuelle pour un soldat d'infanterie, ce qu'il lui faut c'est l'aptitude à supporter et les privations et les marches, ou longues ou accélérées, or ces qualités sont souvent plus marquées avec un physique grêle et disgracieux, que chez des hommes bien conformés, qui peuvent avoir des muscles plus puissants, mais aussi une masse plus pesante... Quand au courage, nulle observation n'a indiqué de differrence entre la race qui cultive et celle livrée à l'industrie... et pour résister à l'influence du climat tropical, on peut présumer que les individus étiolés, à constitution apauvrie par la misère et les travaux malsains, seront moins accessibles aux maladies inflammatoires, que les sujets au sang riche, à la santé florissante que peut fournir la conscription là où le paysan jouit de quelque aisance. Or ce sont ces maladies inflammatoires qui sont les plus meurtrières pour les européens transportés entre les tropiques , soit comme soldats, soit comme colons.

La colonisation d'un grand nombre d'ouvriers de l'industrie, leur transformation en cultivateurs, tirant du sol leur subsistance, dans les possessions françaises d'outre-mer, soit l'Algérie, soit la Guyane ou les Antilles, amèneraient non-seulement le bien-être des transplantés, mais encore une diminution de souffrances pour la classe industrielle dans la métropole, parce que de moins de bras offerts, et de moins d'estomacs à remplir, il doit résulter une hausse dans le prix du travail, une baisse dans celui des subsistances, au moins dans les pays où comme en France, le sol est près d'être insuffisant, et exige des cultures auxquelles certains bras ne sont pas toujours applicables,

Ces colons sortis de la classe industrielle, soit directement, soit en passant par le service militaire, pourraient dans leur nouvelle situation acquérir un degré d'intelligence et d'activité, que produit la variété des occupations, et une situation où il faut quelquefois faire usage de son discernement, car si une partie de leur temps était employée à des travaux industriels, d'autres heures seraient destinées à la production de leur nourriture, or toute culture exige que l'on pense, que l'on réfléchisse, que l'on se décide, que l'on calcule... toutes choses à peu près inutiles dans la situation que l'on pourrait appeler *canutisme pur*, où les hommes font parfaitement une chose, mais ne savent et ne peuvent faire que cela, et pendant toute leur vie, feront non des épingles, mais des pointes d'épingles, dont ils ne pourraient pas placer les têtes... Cette division du travail est sans doute un mode de production très-économique, mais on sent que le résultat en est pour les ouvriers une *atrophie mentale*, et même physique.

(9) Il n'y a plus aujourd'hui ni hardiesse, ni excentricité, ni indépendance d'opinion à attaquer l'oligarchie industrielle, les assaillants sont nombreux et armés d'idées vivantes et ardentes, peutêtre bientôt ils ne seront plus une phalange, mais une cohue allant beaucoup trop loin... En suivant cette direction, on n'a même plus à craindre cette réprobation attachée à tout ce qui semble solliciter la faveur d'un pouvoir, que sa position oblige à de la froideur, pour le moins envers les contempteurs de l'oligarchie pécuniaire, et comme nous sommes à une de ces époques, où comme le disait le cardinal de Retz, « *la disgrâce est une manière de feu qui purifie « toutes les mauvaises qualités, et qui illumine les bonnes* » La manifestation des sympathies en faveur des masses contre les sommités de la classe manufacturière, pourrait être regardée comme une affaire de mode, si déjà cette tendance n'avait été manifestée, à une époque où cette manière de voir, adoptée aujourd'hui par bon nombre d'esprits progressifs, n'était encore regardée que comme un paradoxe de quelques rétrogrades hostiles aux idées et aux positions qu'entourait la faveur de l'opinion générale; dans un ouvrage publié en 1828 (Essai sur l'esprit militaire, chap. 5, tome 2). J'avais parlé des *serfs* des manufacturiers, je m'étais élevé contre le préjugé qui voit des avantages décisifs dans l'agglomération des richesses commerciales et industrielles; j'avais émis des idées sur la

possibilité de vulgariser l'enseignement technologique, de manière à amener l'émancipation de la race ouvrière, et l'abolition de ces grands fiefs industriels, qui font de la population laborieuse, les *mains mortables* de leurs *sires*, les fabricants en grand, j'avais écrit que je voudrais que les banquiers ne fussent plus des *leudes, de hauts barons, de grands vassaux* dominant et ébranlant les trônes, et regardant le reste de la société avec le dédain que du haut de son *destrier*, le chevalier du 12e siècle montrait à la foule des *vilains*... Je comparais les écrivains, qui alors encensaient cette aristocratie financière aux *ménestrels,* aux *trouvères,* aux *jongleurs*, qui flattaient l'ancienne féodalité pour en obtenir des repas et des robes... La publication de ces idées a pu me faire traiter de *féodal,* de *rétrograde,* et même de *jésuite,* par des gens qui peut-être aujourd'hui, sont bien plus que moi hostiles à ce système social, qui place la richesse avant tout, et où *un coffre d'Israël est le trône du monde.*

(10) La propangade abolitioniste est pour l'Angleterre, stimulée par un motif bien plus important encore que la vente du sucre de l'Inde. Il s'agit *d'être ou de n'être pas,* car l'existence de l'Angleterre c'est de trouver des débouchés pour les produits de son industrie, et avec sa production toujours croissante, elle n'en peut obtenir suffisamment, qu'autant que le mouvement de production rétrogradera partout, or quand le monde est en paix, l'industrie fait des progrès, et il est bien des contrées où bientôt sans douanes, et sans tarifs protecteurs, l'infériorité des prix de revient suffira pour repousser les importations anglaises; on en est réduit à introduire l'opium à la Chine, au bout des bayonnettes... En vain on a espéré un instant que les bonnets de coton pénétreraient à Barcelonne, dans les bombes de Zurbano, et depuis 12 ans les manufactures d'armes attendent une nouvelle visite de M. Gisquet... Mais si la confédération anglo-américaine était dissoute, si les contrées qui s'étendent des Florides au Canada, devenaient comme à peu près tout le reste du nouveau monde, des états faibles en guerre entr'eux, et chez lesquels la guerre civile est une maladie chronique, alors les arts de fabrication s'engourdiraient et mourraient dans ces régions, qui conserveraient seulement le degré d'industrie compatible avec la barbarie, alors comme le nomade des *pampas* comme le buénosa-

grien, le *yankée* paierait avec la chair salée et le cuir de ses troupeaux, peut-être avec du grain, ces produits britanniques, que les
contrées équatoriales solderaient avec ceux de leurs mines... de là
résulterait une nouvelle accumulation de richesses monétaires dans
le royaume uni, et par conséquent le prix des subsistances et du travail, continuerait à s'y élever, d'après une progression plus rapide
que dans le reste de l'Europe... Mais si dans d'autres conditions industrielles, de telles circonstances élèvent le prix de revient des
produits, il n'en est pas de même en Angleterre, où les agents
principaux de la production ne sont pas des hommes, mais la vapeur
et les machines, qui ne mangent que du charbon, et des métaux
que le sol produit en abondance... et quant à ceux des hommes qu'il
faut solder, comme plus que jamais ils s'offriront au rabais, on leur
accordera des salaires strictement suffisants pour les empêcher de
mourir immédiatement de faim, mais sans qu'ils puissent jamais
aspirer à rien accumuler, car il faut que *John bull* reste *John bull ;*
c'est-à-dire une sorte de bétail souvent beuglant, parfois montrant
la corne, mais n'en ayant encore frappé que l'air.

Et puis si la souffrance rendait enfin les masses trop dangereuses,
on y remédierait par des importations, qui pour une nation riche
en métaux et en capitaux, ont moins d'inconvénients que pour celle
qui n'a en abondance que les produits du sol, car la guinée, qui en
Angleterre ne paierait peut-être que la moitié d'un sac de grain, en
paiera un et demi en France, quatre à Odessa ou à Dantzig, et le
capitaliste importateur, en gagnant 100 pour 100 pourra, la journée
étant de trois schellings, livrer l'hectolitre pour le prix de huit de
ces journées, pendant que le français qui gagne 25 sous, n'aura son
hectolitre à 20 francs, qu'au bout de deux semaines et demie.

Or cette barbarie, cette absence d'habileté productive, qui mettra
le nouveau continent dans la nécessité d'acheter avec les produits de
son sol ou de ses mines, ceux de l'industrie anglaise, c'est l'état où déjà
est retombée l'Amérique ci-devant espagnole ; mais il est à craindre
que les États-Unis du nord n'entrent en rivalité avec leur ancienne
métropole, pour l'exploitation du commerce avec ces contrées tropicales... Il faut donc ramener aussi cette Amérique ci-devant anglaise, à
l'improductivité, et c'est à quoi l'on arrivera, non par l'abolition de l'es-

clavage, mais par la marche ardente que l'on suit pour arriver à ce but, car comme nous croyons l'avoir démontré (note première), cette question amènera la rupture du faisceau diplomatique plutôt que social, formé par Vashington, et la destruction d'une prospérité matérielle, qui tient à l'impossibilité d'avoir une guerre importante, là où il n'y a pas de frontières menacées sérieusement, les institutions, les mœurs, l'esprit de l'Amérique ci-devant anglaise, sont fondés sur cette inutilité de la force militaire, c'est un système social qui s'écroulerait au premier coup de canon, et même sans guerre, le jour où d'un commun accord, les états décréteraient leur séparation en deux ligues indépendantes l'une de l'autre. La plantation d'un poteau indiquant les limites de deux confédérations, changerait la face du nouveau monde, et le livrerait à l'exploitation britannique.

Toutefois cette accumulation de capitaux à laquelle l'Angleterre est parvenue et qu'elle tend à augmenter, ne me semble pas être une source de bien-être pour les habitants des pays qui approchent d'une telle situation, car il faut à ces pays une habileté infiniment supérieure, pour placer sur les marchés étrangers les produits de leur industrie, puisque à prix égal de matière première, la contrée où l'ouvrier peut se contenter d'un moindre salaire, est celle qui peut livrer à meilleur marché les résultats de son travail, si l'Angleterre vend partout au rabais, elle le doit en partie à l'intelligence supérieure de ses industriels, en partie aussi à l'abondance de ses houilles, de ses métaux, et aux facilités que la mer lui fournit pour épargner sur les frais de transport.

Mais cet avilissement de la valeur des espèces relativement à tout ce qui est usuel, donne un avantage immense pour tout achat qu'un pays peut avoir à traiter dans les contrées étrangères, que la chose achetée doive être importée dans le pays acheteur, ou consommée dans le pays vendeur, qu'il s'agisse des blés d'Odessa, des œufs de la Normandie, des vins du Portugal, ou que la chose achetée soit la manière de voir d'un homme d'état, le vote indépendant d'un personnage parlementaire, les convictions d'un publiciste ou d'un économiste, le dévouement d'un philantrope, l'esprit d'un journaliste, la verve patriotique d'un chansonnier, la conversation se-

crète d'un employé, ou celle de la favorite de tel personnage haut
placé... Que de telles dépenses, d'ailleurs souvent très-reproducti-
ves, absorbent dans une capitale quelconque, deux sommes égales,
mais qui primitivement étaient l'une des roubles, et l'autre des guinées, si chaque soldat coûte à l'Angleterre quatre fois autant qu'à
la Russie, le nombre de bayonnettes dont l'autocrate devra pour cela
diminuer son armée, sera quadruple de celui que l'Angleterre renon-
cera à entretenir, ou si l'on conserve d'un côté le même nombre
d'habits rouges, de l'autre le même nombre d'habits verts, l'aggravation de charges pèsera quatre fois plus sur les sujets russes, que
sur ceux de la Grande-Bretagne : plus l'opinion publique est puis-
sante et consultée dans un pays, plus ce pays doit être influencé par
les états riches, et qui savent donner à propos. Le mulet de Macé-
doine, qui montait à toutes les acropoles de la Grèce, avait des
conducteurs auxquels la porte des hommes d'état d'Athènes n'était
pas toujours fermée, et qui disposaient de l'éloquence d'Eschine,
et même dit-on du silence de Démosthènes, les tribunes modernes
pourraient bien parfois être occupées par des orateurs, ayant quelque ressemblance avec Eschine et Démosthènes.

(11) Preuve que l'amour de l'humanité n'est pas le seul motif de
l'ardeur avec laquelle tant de gens s'occupent de l'abolition de l'esclavage dans les colonies, c'est que aucune voix abolitioniste ne s'est
encore élevée contre ces chasses aux noirs, faites pour le compte du
pacha d'Égypte, vers le Sennar... Là on n'achète pas des captifs
destinés à la mort ou à un rude esclavage, ce sont des populations
libres et autrefois heureuses, que les agents du *civilisateur* traquent,
poussent et *rabattent* à coups de fusils, vers des cavernes où on les
enfume. Si au bout de quelques minutes rien ne paraît, on en con-
clut que les hommes ont étranglé les femmes et les enfants, qu'ainsi
l'on a fait buisson creux, et l'on va ailleurs chercher de meilleures
chances, si les noirs se rendent, on envoie ce gibier en Égypte, par
le désert, en tuant en route tout ce qui ne peut pas suivre, pour ôter
à tout ce qui peut marcher, l'idée de chercher à s'échapper en restant en arrière... De quelques milliers d'hommes, de femmes et d'enfants, ainsi enlevés, il y en a quelques centaines qui ne périssent
pas dans le trajet, on fait de quelques enfants des eunuques, le

reste travaille à coups de bâtons, aux ouvrages ordonnés par son Altesse, les hommes les mieux constitués deviennent soldats... Les choses se passaient ainsi il y a quelques années, et rien dit-on n'y a été changé, depuis qu'en 1841 le trône ébauché de Méhémet-Ali, est redevenu un assez dur divan, où il est possible que les songes soient troublés par l'image *des muets bigarrés armés du noir cordon.*

Si Méhémet-Ali est vanté et admiré dans la vieille Europe, c'est qu'au moyen des souffrances et des privations imposées au grand nombre, il prépare quelques satisfactions pour les instruments de son pouvoir, s'il fait mourir de faim les *fellahs*, il donne ou promet des appointements à quelques progressifs d'Europe, qui en montrant le *cangeare* ou le bâton, dirigent ses manufactures et vendent à son profit les grains récoltés sur toute la surface de l'Égypte, dont il est le seul propriétaire, cet ordre social a un certain parfum de *communisme*, qui charme quelques esprits avancés, ce système vu de loin et dans le passé plait d'ailleurs à beaucoup de monde, on se dit « je suis une « *capacité*, je ne m'inquiète pas des maux d'autrui, si je vivais dans un « tel pays ou si j'eusse vécu dans un tel temps, mes talents eussent été « remarqués, et j'occuperais une position brillante et lucrative. »

Mais comme souvent ces gens qui se croient des *capacités*, sont en effet des nullités, si ce régime qu'ils admirent était à leur portée, beaucoup d'entr'eux seraient fort désappointés de se trouver opprimés avec la foule, et non oppresseurs ainsi qu'ils se croient dignes de l'être, d'ailleurs le gouvernement le plus compliqué ne peut employer tous les aspirants et ne peut surtout les placer aussi haut, qu'ils pensent le mériter, de là vient que tous les gouvernements, *même les plus mauvais,* ont des ennemis, et que surtout chez les nations lettrées, l'opposition se recrute de toutes les nullités à prétentions, et de la majeure partie des habiletés, d'où il suit que les révolutions sont une maladie périodique.

(12) Nous l'avons dit ailleurs, on atténuerait beaucoup les souffrances des masses, en transformant en producteurs d'aliments vulgaires ou d'objets de première nécessité (tels qu'étoffes communes, logements populaires), en changeant dis-je en fabricateurs de tels objets, le plus grand nombre possible d'individus occupés à la production ou à la préparation de ce qui est seulement à l'usage du riche, ou

dont la consommation opérée par le pauvre, n'est pour lui que d'agrément.

Mais ces ouvriers de luxe, pour en faire des producteurs du nécessaire, leur fournir l'instrument premier du travail agricole, c'est-à-dire la terre à un prix inférieur à celui auquel on peut se la procurer en France, il faudrait que cette terre fut d'une qualité différente, car d'un rubanier ou d'un tisseur de velours, vous ne ferez pas un paysan cultivant le vieux sol français, même dans nos meilleurs départements, ce sol est trop cher pour que déduction faite de la rente du prix d'acquisition, ce qui reste au cultivateur puisse nourrir celui dont le travail n'est pas facilité par l'habitude, et stimulé par l'impossibilité de faire autre chose.

Mais ce *canut* qui ne pourrait piocher les pommes de terre ou tenir la charrue dans nos rudes sillons, et qui chercherait à redevenir *canut*, parce que personne ne voudrait de lui pour ouvrier rural, à moins que ce ne soit au plus vil prix, transportez-le en Algérie, en Corse, à la Guyane, dans les mornes des Antilles, qu'il y trouve pour rien ou à bas prix, des terres qui exigent peu de travail pour produire les substances alimentaires du pays, alors il pourra vivre de bannanes (*) de manioc, ou de telles autres plantes ou racines tropicales, dont la culture ne sera pas trop pénible pour lui.... Et peut-être après avoir ainsi assuré sa subsistance il lui restera encore du temps qui pourra être employé à la préparation d'articles industriels, qui seront une source de bien-être pour lui et pour les autres habitants de ces contrées trans-marines, privées aujourd'hui d'une foule de jouissances rendues trop dispendieuses, par l'éloi-

---

(*) La bannane est accusée d'être la cause de la paresse de beaucoup d'habitants de la zone tropicale, car avec un terrain fort circonscrit, planté en bannanes, on vit presque sans travail, mais pour cela il faut renoncer à satisfaire d'autres besoins que celui de ne pas mourir de faim, c'est ce que font des nègres purs, mais ce que ne feraient pas des blancs colonisés ou des métis auxquels les souvenirs d'Europe ou le contact de la race européenne, inspirerait des gouts que l'on ne peut satisfaire qu'en gagnant de l'argent.

gnement des points de production, ne vaut-il pas mieux que les dames créoles et les femmes de couleur, usent chaque année 100,000 mètres de rubans fabriqués par des lyonnais transplantés aux Antilles, et y vivant dans cette existence mixte assez douce, basée en partie sur la vente du travail industriel, en partie sur la consommation des résultats du travail personnel appliqué à la terre, cela ne vaut-il pas autant que ce que pour le prix que coûteront ces 100,000 mètres, les plus riches seulement de ces femmes en achètent 1,000 mètres, fabriqués par quelques-uns de ces *canuts*, grelotant de froid et mangeant leur quart de ration de pain de sarrazin, dans leur galetas de Lyon... on peut en dire autant du tissage du coton.

Il faut remarquer que la vie de l'ouvrier, si tissue de privations en Europe serait bien moins pénible sous un climat qui réduit à peu de chose, les besoins des vêtements et du logement, et à rien ceux du chauffage si difficile à satisfaire en France, et quelquefois aussi poignants que la faim.

FIN.

Imprimerie de veuve GABRIEL, à Vic (Meurthe).

ERRATA.

www.ingramcontent.com/pod-product-compliance
Lightning Source LLC
Chambersburg PA
CBHW071315030726
47594CB00002B/426